모순을 산다

상처투성이 꼬마 아픔을 거슬러 오르다

임은주 지음

모순을 산다
상처투성이 꼬마 아픔을 거슬러 오르다

2021년 11월 11일 초판 인쇄
2021년 11월 22일 초판 발행
글쓴이 임은주
펴낸이 신재은
펴낸곳 비욘드북스
디자인 박정미
그림 이새봄

신고번호 제2019-000031호
신고일 2019년 8월 8일
주소 경기도 하남시 조정대로 150 508호
전화 1855-0415
이메일 bbooks3129@gmail.com
정가 15,000원

잘못된 책은 교환해 드립니다.
본 도서를 이용한 2차 저작물에 관련된 행위는 출판사의 허락을 받으시기 바랍니다.

모순을 산다

상처투성이 꼬마 아픔을 거슬러 오르다

임은주 지음

추천의 글

내가 저자를 만난 것은 지금부터 꼭 10년 전이다. 저자는 2011년 어느 주일 우리 교회에 등록하기 위해 새가족부의 안내로 나의 집무실에 들어왔다. 그녀의 목과 얼굴은 상처로 덮여있었고 손등은 붕대로 감겨 있었다. 처음엔 너무 안쓰러웠다. 그러나 대화를 나누고 교제하면서 나는 놀라고 감동했다. 예배가 끝나면 잠시 만나서 기도했는데 그러면서 나는 점점 더 놀라고 감동했다.

무엇보다 나는 저자가 끝까지 믿음을 지켜냈다는 사실에 놀랐다. 저자는 날 때부터 지금까지 이 지독한 질병 - 수포성표피박리증 - 으로 당사자가 아니면 상상도 못 할 고통을 당하면서 50여 년을 살아왔다. 그녀는 하나님이 왜 자신을 세상에 나게 했는지, 무슨 죄로 날 때부터 불치병에 걸리게 한 것인지, 왜 하루도 쉼 없이 이런 고통을 당하며 살아야 하는지, 왜 살려달라는 기도에 여전히 침묵하시는지 …? 그녀는 자신의 난 날을 저주하며 부르짖었던 욥처럼 부르짖었던 적이 한두 번이 아니었을 것이다. 인생이 끝났으면 좋겠다는 생각도 수없이 했을 것이다. 언젠가는 성경을 던져버리고 일 년이 넘도록 교회에 나가지 않은 때도 있었다고 한다.

그러나 저자는 믿음을 버리지 않았다. 그녀가 하나님을 좋아하지 않았는지는 모르나 하나님의 살아계심을 믿었고, 그의 독생자 예수님을 통해 자신을 구원하셨다는 사실을 믿었다. 이 믿음은 버릴 수가 없었다. 그 믿음으로 하루하루 승리하며 살아온 것이다.

또한 그녀가 희망을 잃지 않고 지금까지 살아냈다는 사실에 나는 놀라고 감동했다. 지금도 완치라 할 수는 없지만 일상생활이 어렵지 않을 만큼 좋아졌다. 주치의의 끈질긴 노력, 주위의 성도들이 드린 사랑의 기도, 무엇보다 새벽마다 어린 딸을 데리고 잘한다는 병원을 찾아다닌 특히, 진주에서 여수를 오갔던 어머니의 지극한 정성과 사랑의 기도가 이 희귀한 난치병을 이기게 했다고 생각한다.

그러나 역시 이 싸움의 주역은 당사자다. 그녀는 실낱같은 희망의 끈을 붙잡고 극한의 고통을 참아내며 치료를 중단하지 않았다. 나는 그녀의 인내는 욥의 인내 이상이라고 생각한다. 그리고 질병의 고통 못지않게 당해야 했던 또 하나 힘든 고통은 사람들의 시선이었을 것이다. 불가촉 환자로 취급을 받으며 거리에서 사람들의 이상한 시선을 받아야 했던 그 고통이 얼마나 컸을까? 그러나 그녀는 이겨냈다. 보통 사람 같으면 한 걸음이라도 나서려면 사람들의 시선이 두려워 주눅이 들었을 수도 있는데, 그녀에겐 이런 고통도 돌파할 수 있는 용기가 있었다. 나는 놀라고 감동할 수밖에 없었다.

저자 임은주 자매의 인생이 주는 경이와 감동은 여기서 끝나지 않는다. 그녀는 학자다. 전신이 상처로 뒤덮이고 샤워를 하거나 드레싱을 할 때는 몸을 불로 지지듯 아팠던 나날, 깨진 기와 조각으로 긁어도 멈출 수 없는 가려움을 참으면서 그녀는 공부하고 연구했다. 손톱도 없고 지문마저 없어져 필기도구를 손에 쥐기도 힘든 상황이었으나 그녀는 공부를 그치지 않았다. 그리고 저자는 학습장애 학생에 대한 특수교육 분야를 연구하여 드디어 박사학위를 받는다. 이렇게 저자의 인생은 경이로움으로 가득 차 있다.

　내가 저자를 만나며 가졌던 놀라움과 감동은 본서를 읽는 독자들에게 더 크게 다가가리라 생각한다. 나는 단순히 어떤 책 한 권을 추천하는 것이 아니라 도무지 감당할 수 없었던 고통 가운데 믿음과 희망을 저버리지 않았던 본서의 저자 임은주 자매의 인생을 추천한다. 그녀가 지금까지 살아온 삶을 어찌 이 한 권의 책에 다 담을 수 있겠는가? 우리는 그녀의 책을 통해 그녀를 소개받을 뿐이다. 읽으면서 그녀의 믿음과 아무도 꺾을 수 없는 의지와 인내를 배울 수 있기를 바란다. 그리고 이 책은 특히 희귀성 난치병이나 신체장애로 고통 중에 있는 사람들에게 큰 희망과 용기를 주리라 믿는다. 이런 분들에게는 꼭 권하고 싶은 책이다.

　그리고 본서는 단순한 투병기를 넘어 삶의 단상을 담은 수필 문학이다. 저자의 문학적인 재능 때문인지, "비극적인" 저자의 인생에 따뜻한 마음으로 다가갈 수가 있어 의외다. 내용은 쉽게 읽히나 저술은 결코 쉽지 않았을 작품이다. 길지 않은 아담한 책이니 모두에게 일독을 권한다. 독서는 읽는 사람들은 물론이거니와 저자에게도 큰 격려가 된다.

용인에서 정주채
향상교회 은퇴목사
산돌손양원기념사업회 이사장

추천의 글

주일예배를 마치고 나오면 제일 반갑게 맞이해 주시는 분이 계십니다. 말없이 앉아 계시다가 멀리서 저를 보시면 환하게 웃으십니다. 저도 질세라 가까이 다가가서 인사를 올립니다. "어머니, 한 주간 잘 지내셨습니까?" "아이고 목사님, 목사님도 잘 지냈습니까? 저도 우리 은주하고 잘 지냈습니다." 하시며 벌떡 일어나셔서 손을 잡아주십니다. 다 일어나셨는데도 허리는 많이 구부정합니다. 몇 년 전 처음 뵐 때도 이 정도는 아니었는데요….

어머님의 인사는 이걸로 끝이 아닙니다. 꼭 한 마디 덧붙이십니다. "목사님, 우리 은주 잘 부탁합니다!" 어머니와 제가 주고받는 인사는 주일마다 언제나 똑같습니다. 마지막은 늘 이렇게 끝이 나지요. "우리 은주 잘 부탁합니다!"

노령에도 불구하고 건강해 보이셨던 우리 어머니… 몇 년 새 치매가 속도를 내는 것 같아 안타깝습니다. 목사인 저는 늘 입으로 사랑을 말하지만, 어머니는 언제나 온몸으로 사랑을 말씀하십니다.

어머니께서 저를 보실 때마다 "잘 부탁합니다!" 하시던 '우리 은주'가 이 책의 저자입니다. 임은주 자매, 임은주 집사, 임은주 선생, 임은주 박사… 어떤 호칭이 제일 잘 어울릴까요? 저는 임은주 집사님이라고 부릅니다. 집사님은 우리 향상교회에 2011년에 처음 오셨습니다. 강산이 한 번 변한다던 10년 동안 향상 가족으로 함께 울고 웃으며 지내왔습니다. 이 책에 소개되는 '선천성 수포성표피박리증'을 이겨내기 위한 평생 싸움에서 지난 10년을 우리 교회 성도님으로, 집사님으로 함께 했습니다.

참 대단하신 분입니다. 희귀성 난치질환을 앓으면서도 그 어렵다는 박사 공부를 해냈습니다. 교회에서는 웹진 편집장으로 봉사하시면서 하나님과 이웃과 소통의 한 통로를 담당하고 있습니다.

최근에 성경 말고, 신학 서적 말고, 읽고 나면 마음이 맑아지는 소설이나 수필 같은 문학책을 읽어보면 참 좋겠다 싶었습니다. 이 책을 읽고 나니 그 바람이 이루어진 느낌입니다. 머리도 마음도 맑아집니다. 문학책도 아닌데, 소설이나 수필도 아닌데, 왜 이렇게 내 영혼이 깨끗해지는 느낌일까 생각해 보았습니다.

그것은... 이 책의 저자에게 제일 잘 어울리는 호칭이 바로 '우리 은주'이기 때문입니다. 이 책은 한 '선천성 수포성표피박리증' 환자의 투병일기입니다. 일기日記에는 시나 소설, 수필이 감히 흉내 낼 수 없는 성소聖所가 있습니다. 실제로 일어난 일들만이 그 성소에 들어갈 수 있습니다. 실제로 품었던 생각, 느낌, 경험들만이 함께 할 수 있지요.

저는 이 책을 마음으로 읽었습니다. 그럴 수밖에 없었습니다. '우리 은주'가 그동안 꼭꼭 감추어 두고 있었던 그 성소聖所 안으로 들어가야 했기 때문입니다. 때가 많이 묻어 있던 저의 마음이 깨끗하고 따뜻한 물로 샤워를 한 기분입니다.

이 책의 저자를 10년 동안 알고 있는 사람이라 생각했지만 사실 아무것도 모르고 있었다는 사실이 죄송했습니다. 잘 알지도 못하면서 "집사님을 위해서 기도할게요!", "집사님, 절대 포기하지 마세요! 우리가 함께 할게요!" 했던 말들이 부끄러웠습니다. 성소^{聖所}에 들어가 보지 않은 사람이 쉽게 할 수 있는 말이 아니라는 사실을 뒤늦게 깨달았습니다.

이 책의 저자를 '우리 은주'라고 부를 수 있는 분의 이 말씀, "목사님, 우리 은주 잘 부탁합니다!" 이 말씀에 순종하는 마음으로 <모순을 산다> 이 책을 추천합니다. 여러분도 이 책을 찬찬히 읽어 내려가다 보면 '우리 은주'를 만나게 될 겁니다. '우리 은주'의 성소^{聖所}를 거닐면서 저처럼 마음이 깨끗해지는 느낌이 들겠지요? 그동안 잊고 있었던 위로, 희망, 용기라는 단어를 불쑥불쑥 만나게 될지도 모릅니다.

사실 우리도 모두 선천성 난치병들을 하나씩 가지고 있지 않나요? 어떤 사람은 몸에, 어떤 사람은 마음에… 그런 우리 모두에게 '우리 은주'라고 부르시는 분이 계시다는 사실, 그분이 언제나 우리와 함께 하시며 함께 울고 웃으며, 함께 아파하시며, 함께 손잡고 동행해주신다는 사실이 참으로 감사합니다. 여러분도 이 책을 통해서, 여러분을 '우리 ○○'라고 부르시는 그분의 따뜻한 목소리를 들을 수 있기를 바랍니다.

김석홍
향상교회 담임목사

추천의 글

"선생님, 공부는 왜 하려 하세요? 나이도 어느 정도 있으신데 그냥 편하고 재미있는 일 하시지요. 공부하는 거 힘드실 텐데요…." (나의 질문에 선생님 특유의 온화한 웃음과 함께 들려오는 답은 이랬답니다) "공부하는 저 자신의 모습이 좋아서요. 뭔가 모르던 것을 배워가는 그 느낌이 좋아요"….

임은주 선생님과 제가 지도교수와 학생으로 처음 만났을 즈음 나누었던 대화입니다. 평생 공부하는 업을 지닌 제가 이러한 답을 한 학생의 지도교수라는 사실이 무색할 만큼 제게는 울림을 준 답변이라 잊지 않고 있습니다. 선생님과 제가 함께 하는 특수교육은 '사람'과 '배움'에 대한 공부입니다. 이 세상에 태어난 모든 사람은 어느 누구도 똑같지 않고 각기 자신만의 모습과 생각을 가지고 있습니다. 서로 다르기 때문에 더욱 귀합니다. 그리고 우리는 세상에 발을 디디고 있는 이상 평생에 걸쳐 사람답게 잘~ 살기 위한 배움을 지속해야 합니다.

임은주 선생님은 학위과정을 시작하시면서부터 그에 대한 내용과 방법을 치열하게 고민하셨습니다. 지금도 이렇게 삶의 모습을 담은 아름다운 책을 완성하시는 것을 보면 사람과 배움에 대한 고민은 계속되고 있는 것 같습니다. 몇 해가 지나도 기억나는 일은 박사학위 논문 작업을 하실 때 병원 치료가 겹치는 경우 노트북을 들고 병원에서 치료를 받으시면서 틈틈이 작업 하셨습니다. 그 상황에서도 슬퍼하거나 지치는 기색 없이 늘 웃는 얼굴을 보여주시면서 작업을 완성해 나가셨습니다(그리고 제게 피부에 좋은 수제 비누도 나눠 주시곤 했습니다). 정말로 뭔가 배워가는 느낌을 즐기지 않고는 어려운 일이라 생각됩니다.

박사학위 취득 후 제가 다시 질문했습니다. "선생님. 이제 뭘 하시고 싶으세요? 그 어려운 박사학위 받으셨으니 좀 쉬엄쉬엄 지내세요..." (나의 질문에 대한 선생님의 답변이 이제는 예측하실 수 있으시지요?) "지금도 계속 배우고 있지만 이제 배운 것을 써먹고 살아야지요. 제가 도울 수 있는 사람들이 많이 있어요. 배운 것으로 그 사람들의 삶에 조금씩 변화를 만들어 낼 수 있을 것 같아요."

선생님의 배움의 과정에 함께한 제가 교육과 배움에 대해 조금씩 변화한 것처럼 선생님의 이야기를 통해 또 다른 분의 삶의 변화를 기대합니다. 임은주 선생님은 저의 자랑이십니다.

최승숙
강남대학교 사범대학 초등특수교육과 교수

추천의 글

　　초등학교 그 시절 살갗이 무르고 흉터와 수포로 진물이 흐르는 상처 투성이의 소녀와 친구를 하고 싶지 않아 곁을 두지 않을 뿐 아니라 소녀의 물건이 닿는 것도 싫어서 노골적이고도 잔인하게 밀쳐냈었다. 성인이 되어 동창 모임에서 그녀가 명랑한 목소리로 먼저 인사를 건네 왔을 때 악동처럼 굴었던 오랜 기억들이 불쑥 생각나 미안하고 마음의 빚을 진듯했다. 이후로 자주 그녀를 만났다. 그녀는 긍정적이고 무엇보다 삶에 그토록 성실하고 진심일 수 없었다.

　　어린 시절 한센병 환자로 취급받아 놀림 받은 고통스러운 시간을 인내하고 눈물과 한숨이 아닌 삶과 생명에 대한 겸손과 경이로움, 지적인 호기심과 사람을 향한 사랑으로 그녀는 날마다 발전하고 빛났다.

　　그녀가 삶을 반추하고 글을 쓰는 그때 나는 프랑스로 와 젊은 날부터 꿈꾸었던 공부를 시작했다. 프레파 과정 1년에 이어 올해 마스떼르 과정 입학허가를 받고 기쁨의 눈물을 흘리기도 하지만 하루하루 공부 과정은 그녀의 매일 '드레싱'처럼 힘겹고 아프다. 과제를 하느라 밤을 꼬박 새우고 고단한 몸으로 집을 나서며 이 나이에 이렇게 살아야 하나 후회가 밀려오기도 한다. 그러나 친구가 쓴 책을 통해 그녀의 하루하루 절박하고 치열했던 삶의 흔적을 보며 저절로 머리가 숙여진다. 그리고 스스로 다짐해본다— 끝까지 해보자고. 친구로, 그녀의 글을 먼저 읽은 독자로서 깊은 감명과 함께 힘을 얻었다.

'단지 유전자 하나 차이'로 고통스러운 삶이지만 그녀의 하나님께서는 더 강한 믿음을 주셨고 어두운 세상의 밝은 등불 하나가 되게 하셨다. 친구의 책은 모순 가득한 세상을 힘겹게 사는 많은 사람에게 힘과 용기를 줄 것이라 믿어 의심치 않는다. 그녀가 친구라서 행복하고 자랑스럽다. 그녀에게 깊은 존경과 감사를 보낸다.

파리에서 친구 혜숙

프롤로그

　언제라도 나의 이야기를 하고 싶었다. 장애를 가진 아이들을 가르치고 이렇게 저렇게 몸과 마음이 힘든 사람들을 만나다 보니 늘 다른 사람 이야기를 듣는 편이다. 사람들이 살아온 이야기에 눈물짓다 어떤 이야기는 부메랑이 되어 나의 가슴을 후벼 파곤 했다.
　매년 2월 마지막 날이 세계 희귀질환의 날이다. 2008년 유럽 희귀질환기구(The European Rare Disease Organization)가 정한 기념일로 2월은 다른 달과 비하여 28일이고 4년마다 29일이라는 데 착안하여 정해진 날이다. 희귀난치성 질환이란 나라마다 정의가 다른데 미국은 20만 명 이하, 프랑스는 2천~3천 이하의 유병률을 가진 질환으로 분류한다. 우리나라의 경우는 유병률이 2만 명 이하 이거나 진단이 어려워 정확한 환자 수를 알지 못하는 질환으로 정의하고 있다.
　나는 수포성표피박리증이란 희귀난치성 질환을 가지고 57년을 살고 있다. 선천성수포성표피박리증은 미국에서는 소아 2만 명당 1명 정도로 발생하며, 우리나라에서는 현재 250여 명 밖에 안 될 정도로 드문 희귀질환이다.
　「마이너리티 연구」라는 강의를 듣던 제자가 조별 과제로 내 이야기를 사례로 희귀질환을 다루고 싶다고 허락을 구했다. 조별 발표 후 "희귀질환자들이 소수자라는 생각을 처음으로 하게 되었다."는 피드백을 받았다고 했다. 그때 나의 이야기가 학문적으로도 가치가 있겠다는 생각을 하였다.

  그해 친구들과 송년 모임에서 새해 소망으로 책을 쓰고 싶다고 말한 지 5년 만이다. 처음엔 블로그에 적어 놓은 거 정리하면 된다고 쉽게 여겼는데 새로운 작업이었다. 막상 내 얘기를 하려니 온갖 생각이 내 속을 비집고 들어왔다. 마치 발가벗겨지는 것 같이 부끄럽기도 했다. 나도 모르고 있던 묵은 감정들이 온통 들썩이는 바람에 블로그 내용을 정리하고 더 쓰기가 힘들어 1년여를 덮어두었다. 꼭 이렇게 드러내야 하나? 왜? 완치도 아닌데?

  수많은 질문은 스스로 불치병(요즘에야 난치병이라 하지만 얼마 전까지만 해도 불치병이라고 했다) 환자로 인정하는 것 같아 괴로웠다. 환자인 나를 인정하지 못하는 완고함을 보았다. 내가 불치병이라 인정하면 정말 낫지 않을까 봐 그랬다. 나 역시 지금 내 모습을 인정하지 못하고 있었다. 결국 '희귀난치질환을 가진 환자' 그대로 나를 안고서야 더 솔직하게 이야기할 수 있었다.

  어린 시절엔 무슨 병인지도 모르고 그저 나으려니 그렇게 살았다. 스물 여섯 살에야 진단을 받고 그 아픈 세월을 참 대책 없이 살았다는 회한이 몰려왔다. 어떤 병인지라도 알았다면 이렇게 심하지는 않았을까? 하지만 그 시절에 알았다고 하더라도 변변한 드레싱 용품도 없던 시절이니 얼마나 더 나았을까? 지금도 생각하면 아찔한 것이 탄력 붕대도 모르던 시절이라 드레싱 할 때마다 하얀 면 반창고를 떼어내며 바들바들 떨었던 기억이다. 조금이라도 통증을 줄이려 실낱같이 찢어서 붙이는 방법 말고는 없었다.

  여고 시절 어느 날 손톱 없는 뭉툭한 손이 고마웠던 날, 나에게 불리

15

한 조건만 주어진 것은 아니라고 처음 깨달았던 날처럼 환우 모임에 처음 참석한 날 스무 살 넘도록 나으리라는 희망으로 살 수 있어 감사했다. 태어나면서부터 불치병이란 진단을 받은 아이들과 부모들을 보는 게 너무 괴로웠다. 어쩌면 무슨 병인지도 몰라 독립을 하고, 공부도 하고, 직장생활도 할 수 있었던 같다. 진단을 받는다고 뾰족한 수가 있는 게 아니니 그 차이가 무의미하지만 어떤 면에서는 모르는 게 약이 되었다.

환우 모임에서 처음 만난 아이들은 어렸고, 그 부모들은 젊었다. 나보다 어린 부모들이었다. 아이들이 어느새 자라 청년이 되고, 부모들도 중년이 되었다. 아이들이 자라 청년이 되었으니 스스로 독립을 준비하고 부모 역시 독립시킬 마음을 먹어야 하는 시기가 된 것이다. 물리적으로 심리·사회적으로 허약하기 그지없는 아이를 혹독한 세상 속으로 어떻게 보낼 수 있을까? 우리 엄마는 그 세월을 어떻게 살 수 있으셨을까? 독립한다는 딸을 어떤 마음으로 지켜보셨을까? 도무지 짚어지지 않는다.

글을 쓰면서, 수정하면서 정말 많이 울었다. 내 안에 이렇게 눈물이 많은 줄 몰랐다. 어떻게 그 세월을 살아왔을까? 다행히도 회한의 눈물이 아니라 기쁜 눈물이라 감사하다. 잘 살아낸 나를 "은주야~ 잘했어! 내 딸을 믿었어!" 하나님이 토닥여주시는 것 같아 또 눈물이 흐른다.

하나님이 나를 사랑하신다는 것을 도무지 믿을 수가 없었다. 왜 이렇게 사랑하시느냐고, 나중 영광이 얼마나 대단하기에 이러시느냐며 야곱이 환도뼈가 부러진 그 싸움을 하였다. 하나님과 싸움 끝에 '… 너는 두려워하지 말라 내가 너를 구속하였고 내가 너를 지명하여 불렀나니 너는 내 것이라 네가 물 가운데로 지날 때에 물이 너를 침몰하지 못할 것이며 네가 불 가운데로 지날 때에 타지도 아니할 것이요 불꽃이 너를 사르지도 못하리니(이사야 43장 1~2절)'라는 말씀으로 살아났다. 나의 하나님이 노년이 되어 백발이 되기까지 나를 업고 품을 것이라고 약속하셨다. 그 약속을 붙들고 병이나 세상이 주는 두려움을 벗어났다.

엄마와 함께 투병이란 험산 준령을 넘는 세월 내내 나의 하나님께서 짐을 가볍게 하셨고 그 길을 평탄케 하셨다. 글을 마무리하면서 "내 입을 날카로운 칼 같이 만드시고 나를 갈고 닦은 화살로 만드사 그의 화살통에 감추시고(이사야 49장 2절)"라고 하셨다. 나의 이야기가 누군가에게 날아가 아픔을 부숴버리고 디딤돌이 되면 좋겠다.

이 책이 나오기까지 관심과 격려를 아낌없이 보내주신 정주채 목사님, 김석홍 목사님, 최승숙 교수님 그리고 파리에서 기꺼이 원고를 읽고 추천사를 보내 준 친구 혜숙에게 감사드리며 누구보다 주치의 선생님에게 특별한 감사를 드린다.

사랑스러운 그림을 그려준 이새봄 집사와 편집과 출간을 맡아준 비욘드북스 신재은 집사에게도 감사의 인사를 전한다.

2021년 11월
임은주

목 차

추천의 글 • 4
추천의 글 • 7
추천의 글 • 10
추천의 글 • 12
프롤로그 • 14

오늘 하루 • 21

봄날 | 개강과 종강 사이 | 마음아 이겨라!!! | 학위를 받다 | 첫 담임 선생님 | 오늘 하루 | 휴식

치료 시작하다 • 45

진단을 받다 | 수포성 표피박리증 | 투병? | 점막 침범 | 피부 허약 | 가려움 | 수포 | 손발톱의 탈락과 손발 기형 | 통증 | 상처 드레싱 | 자세가 펴지다 | 땀을 흘리다 | 체온조절 | 지문이 드러나다 | 생선구이와 레모네이드

아침 만들기 • 75

순천행 비둘기호 | 옷장 정리하다 | 아침 | 한 걸음씩 | 입원치료 | 퇴원하고 돌아오는 길 | Hospitality - 환대 | 손

투병- 그 깊고 깊은 고독 • 93

이상한 나라의 엘리스 | 희망의 무게 | 귀뚜라미 | 무작정 | solidarite', 혹은 그리움 | 딛고 일어서기 | 만추 | 미로찾기 | 소박素朴하게 | 그림 그리는 날 | 박살이 나다. | 여백 | 기다림 | 흘러 흘러서 물은 | 춘천 가는 길 | 생기生氣 | 평화 | 맨발 | 우여곡절迂餘曲折 | 좌절을 지나다 | 주절주절 | 그냥… 지금을 사는 거야 | 신기루였을까? | 이제 안정되다 | 스타일북을 읽다 | Resilience | 살다 보면 | 탈진 | 목숨 | 새해에는 | 아! 지겹다 | 새움이 돋고 있다 | 투병- 그 깊고 깊은 고독 | 오십 즈음에 | 인내 - Patience | 신발이 다 닳도록 | 무력감 | 눈물 | 임플란트 수술 | 발 | 과유불급過猶不及 | 줄타기 | 가을비 | 안도 | 가슴이 아프다 | 몸살을 앓을지라도 | 의사와 환자 | 덕분에 | feel~ 오리, 날아라!!! | 명복을 빌다 | 고군분투孤軍奮鬪 | 고립무원孤立無援 | 경이驚異 | 기분 좋은 날 | 가득하다 | 패러다임의 전환 | 혹사 | 발목 치료 시작 | 의자

선물 같은 날들 • 173

꿈엔 듯 | 보물찾기 | Sidi Bou Said 시디부사이드 | 바람이 분다 | 아쉬움 | 다시 찾은 네팔

오늘을 살아 • 195

빈자리와 제자리 | 게으른 소처럼 | 새로 등산화를 사다 | 직장 생활 | 어느 여름날 | 상처 | 부르지 못한 이름 | 동명이인 | 오늘을 살아 | 모순을 산다 | 그 여름날 사탕 한 알 | 엄마 손 | 모순을 산다

오늘 하루

원치 않지만 겪어야 하는 것,
그 모든 것이 하나님의 뜻 안에 있다는 것이다.
운명이나 숙명이 아닌 하나님의 사람으로 빚어 가시는
'하나님의 작정'인 것이다.

 봄날

　삼월이면 대학 캠퍼스는 꽃망울이 터지듯 학생들의 웃음소리와 생기로 가득하다. 사회복지학으로 석사학위를 받은 후 박사과정을 공부하러 대학으로 왔다. 직장 생활을 하다 십여 년 만이니 모든 것이 익숙한 듯 낯설고 신선하다. 학교 내 대학원생들을 위한 게스트하우스로 이사를 하고 한숨 돌리며 캠퍼스를 둘러보았다. 학내 곳곳에서 동아리 모집하는 걸 보니 옛 생각이 절로 난다. 함께 수화를 배운 후배들과 수화동아리 만든다고 4학년 2학기 개강을 앞둔 그 더운 여름날 포스터 붙이러 다니던 일이 생각나서 한참을 보고 있었다.

　문학이 좋아서, '페스트'란 소설 어느 페이지를 넘기면서 느낀 반전, 아니 전혀 다르게 이야기를 만드는 까뮈가 궁금해서, 꼭 프랑스 유학 가서 심리학과 특수교육을 공부해보리란 기대로 선택한 불문학이 나의 첫 전공이다. '어린왕자'와 '이방인'을 원서로 읽으며 행복했고, 까뮈에게는 완전히 붙잡혔다. 에밀졸라의 '목로주점' 완역본을 읽고는 그의 치열함과 적나라함에 질려서 아주 진저리를 치기도 했다. 새롭게 만난 '앙드레 말로'의 소설 세계와 '가스통 바슐라르'는 나의 지평을 넓혀주었고, 모파상의 『진주목걸이』를 읽으며 '내 삶이 진주목걸이처럼 '허상'이면 어떡하지?'라는 생각으로 하나님을 다시 찾았다.

　졸업논문을 쓰며 전율을 느꼈던 '랭보'의 세계와 사람이 궁금해서 부전공한 심리학은 새롭고 재밌었다. 그리고 아주 홀딱 반해버린 생리심리학은 미련이 남아 있던 의학 공부에 대한 갈증을 풀어주었다. 그러나 심리학을 통해 사람을 이해할 수는 있지만, 인간이 인간을 변화시킬 수 없다는 결론을 얻은 것이 가장 수지맞은 일이었다.

　어쩌면 나는 문학과 심리학에 젖어 그렇게 살았을지도 모른다. 하지만 대학 졸업을 앞두고 어떻게 독립하여 내 삶을 시작할 것인지 깊은 고민을 하였다. 그 이유는 희귀병을 가진 나는 세상을 살아가기엔 온통 불리한 조건뿐이었기 때문이다. 독립을 선택하며 시작한 첫 직장 생활에서 세상이 그리 호락호락하지 않다는 걸 맛보았다. 하지만 나 역시 세상이 쉽게 볼 상대는 아니라며 부딪히고 넘어지고, 엎어지면 다시 딛고 일어섰다.

　대학 4학년 때 만난 청각장애를 가진 꼬마는 내 인생의 전환점이 되었다. 그 아이 덕분에 문학이 아니라 보육원 교사로 첫 사회생활을 시작하였다. 보육원에서 아이를 돌보는 일이 너무 재미있고 즐거웠다. 더구나 발달이 더디고 정서장애를 가지고 있던 두 아이가 나의 보살핌으로 점점 아이다워 지고 만 4살이 넘도록 옹알이만 하던 아이가 나를 '엄마!'라고 부르더니 말을 시작하였다. 그 기쁨으로 장애를 가진 아이들을 가르치고 함께 살다가 또 다른 미래를 준비한다.

　첫 학기는 특수교육으로 전공을 바꾸는 바람에 들어야 하는 선수과목이 있어 학부생 수업에도 들어가야 한다. 그리고 아직 마무리하지 못한 아이들 수업을 위해 주중 이틀은 진주로, 월요일과 토요일엔 치료를 위해 춘천을 다녀와야 한다. 그리고 특수학교에서 방과 후 요리치료 강사 일도 하며 등록금과 생활비를 벌어야 한다. 일주일 내내 쉬는 날 없이 진주로, 춘천으로 다녀야 하는 일정을 잘 해낼 수 있을는지 걱정이 앞서기는 하지만 한 걸음씩 내디뎌 보는 거다.

　학기 동안 읽어야 하는 논문과 책을 찾고 보니 만만치 않다. 석사 시절 밤을 새워가며 전공 서적을 원서로 읽은 덕분에 특수교육으로 분야는 달라도 해외 저널을 바로 읽을 수 있어 다행이다. 교수님들의 기대와 열정을 어떻게 따라갈 수 있을지 걱정이지만, 잘 해낼 수 있을 거다.

어느새 캠퍼스를 다시 찾은 지 꼬박 10년을 지나왔다. 강산이 한 번 변하는 동안 치료와 공부를 병행하여 더 건강해지고 박사학위를 받았다. 그리고 지금은 대학연구소에서 꿈에도 그리던 연구하고 논문 쓰고, 집필도 하고, 가르치고 상담을 하며 선물 같은 날을 살고 있다. 중년을 살아내면서 아직도 캠퍼스에 봄이 오면 가슴이 설렌다. 다시 시작하는 십 년은 또 어떻게 내 삶을 만들어갈까? 어떤 일이, 어떤 사람을 만나게 되는지 기대된다.

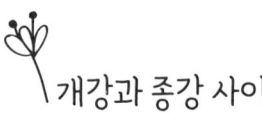
개강과 종강 사이

기말고사를 마친 기숙사는 종강 모임으로 밤새 시끌벅적하더니, 다들 짐을 싸 속속 집으로 떠났다. 집이 멀지 않은 학생들은 부모가 데리러 오고 먼 곳의 학생들은 아예 택배 트럭을 불러놓고 짐을 부친다. 그렇게 학생들이 떠난 기숙사는 한적하다.

주말 동안 한숨 돌리며 밀린 빨래와 책 정리를 했다. 지난 학기 자료들 정리하고 방학 동안 읽어야 할 책과 해외저널 꺼내놓고 예비논문 설문지 코딩작업을 준비한다. 논문을 8월 말까지 학회에 투고해야 하니

7월 말까지는 설문지 코딩과 통계를 다 마쳐야 한다. 설문지 800여 장을 7가지 항목별로 채점하는 게 1차 작업, 2차 작업은 항목별 점수와 문항별 점수 입력하기. 그리고 통계 처리해야 한다. 이제 겨우 500장 채점했는데 설문지 보면 울렁거린다.

박사과정 3학기 동안 쉬지 않고 책상 앞에 앉아 있었다. 그렇다고 뭐 대단하게 한 것도 없다. 요즘 알게 된 것은 나의 한계이다. 다음 주까지 마쳐야 하는 학회지 투고 논문을 붙들고 씨름하다 자괴감이 들었다. 도무지 쓸 말이 생각나지 않는다.

꼼짝 않고 작업을 하는데 너무 덥다. 밤이 되어서도 한낮 열기가 식지 않아 밤바람마저 덥다. 쌀을 안치고, 예약 버튼을 눌러놓고 한비 아빠가 보내준 감잎차를 우렸다. 새순만 따서 말려서인지 솜털이 보송보송하다. 그 맛이 어찌나 순하고 부드러운지 좋은 우전을 한 잔 마신 것 같다.

지난주 집에 가는 길에 한비네에 들렀었다.

- 나 금율에 갈게~

- 네~ 오세요.

막 생초 IC를 들어서는데 한비가 전화해서는

- 이모, 한울이가요...

- 아이스크림 먹고 싶다고?

- 어떻게 아셨어요?

아이들 줄 아이스크림 사 들고 한비네 마당을 들어서니 아이들은 풀장을 들락거리며 친구들과 텀벙대고 있다. 아이스크림 한 통으로 아이들은 행복하다. 반들반들 윤이 나게 콩기름 먹인 쪽마루에 누워서 한비 아빠가 가져다주는 족족 그릇을 비운다. 옆 동네 아줌마까지 놀러 와 해지도록 수다가 늘어지고 저녁까지 거하니 먹고 하늘을 보니 별이 총총. 한비 아빠가 챙겨준 이것저것 한 보따리 들고 집으로 가는 길이 참 행복했다. 언제라도 가면 반겨주고, 먹여주고, 재워주는 이가 있다는 건 큰 복福이다. 오늘 차를 마시면서 혼자 사는 나의 일상에 쉼표가 되어 주는 이들에게 마음 깊이 안부를 전한다.

난 참 간 큰 여자인가보다. 사람들이 볼 때 불리한 조건만 다 가지고 있으면서 겁도 없이 세상에 나와서 혼자 사는 걸 보면 말이다. 게다가 지금은 아이들 가르치는 일을 줄여서 생활비가 바닥이 드러나는데도 혼자서 잘 놀고 잘살고 있다. 가끔 그런 나에게 질리기도 한다. 하지만, 이제 나도 늙었는지 혼자인 게 버거울 때가 있다. 그래서 하나님이 사람들을 곁에 주셨나 보다. 그저 감사할 따름이다. 오늘은 그저 나와 함께하는 이들이 그립고 고마운 날이다.

며칠 전부터는 허리가 아파서 이번 주 내내 책상에 앉지 못하고 누워서 빈둥거렸다. 무엇에 집중하면 대여섯 시간 꼼짝없이 앉아 있는 습관이 이제는 무리라는 신호를 보내온다. '좀 쉬어'라고. 어제오늘은 긴장이 풀려서 비몽사몽이라 빈둥거렸다. 지난주 목요일부터 일요일, 아니 월요일 새벽까지 강행군이었다. 종강 후 두어 주일을 논문투고 준비를 하며 널널하게 지내다 갑작스레 위탁사업 공고가 났다며 연락을 주신 교수님 덕분에 발등에 불이 떨어졌다.

몇 날 며칠 밤새며 기획안 작성하고, 일요일 밤 8시부터 새벽 4시까지 교수님들과 공동작업을 하였다. 서하남 IC를 빠져나온 시각이 새벽 4시 20분, 기숙사 도착하니 5시 10분. 새벽엔 차들이 별로 없어 80킬로로 달리는데도 과속하는 것 같은 데다, 다들 어찌나 쌩쌩 달리시는지 다리가 후들거려서 어떻게 왔는지를 모르겠다. 그러곤 쓰러져서 눈 뜨니 8시 30분. 언어치료센터 인지 수업이 9시라 빛의 속도로 챙겨서 겨우 수업하고 돌아와서는 긴장이 풀려버렸다.

다음 학기가 4학기라 학위논문을 준비해야 한다. 논문 주제는 석사 논문 주제였던 '탄력성(resilience)'을 증진하는 프로그램개발로 정했다. 우리나라에서는 아직 생소하여 선행 연구들이 별로 없는 편인데다 학습장애를 가진 초등학생을 대상으로 정하여 쉽지 않은 작업일 것 같다. 지도교수님께서 박사학위 논문은 지겹고 지겨워서 내팽개치고 싶을 정도가 되어서야 완성할 수 있는 과정이라 그러할지라도 포기하지 않을 주제를 찾아야 한다고 조언해 주셨다.

'탄력성'이란 자신이 처한 환경에 잘 적응하여 건강하게 자신의 삶을 살아가는 것을 설명하는 개념이다. 탄력성을 처음 알고서 '나'를 이해할 수 있었다. 나를 설명할 수 있는 주제라면 논문을 포기하지 않겠지? 다음 학기 개강까지 해외논문 열심히 찾아 읽고 준비해야지.

마음아 이겨라!!!

꿈에, 오른손 검지에 손톱이 온전하게 돋았다. 꿈에서도 화들짝 놀라 잠에서 깼다. 올해 들어 손톱자리(nail bed)가 두드러져 이런 꿈을 꾸었나 보다. 잠시, 멍하게 있다가 '여기까지 어떻게 왔는데…이대로 멈출 수는 없지…'라는 말이 신음처럼 새어 나왔다.

요즘 컨디션은 최상, 마음은 바닥을 치고 있다. 1월에 열흘, 3월에 닷새 입원하여 치료를 받았다. 1월에는 피부 상태가 아주 양호하여 공격적으로 치료를 받고 돌아왔다. 그 덕분인지 퇴원 후 일주일 무렵부터 왼 손목이 혹처럼 부어오르면서 어깨까지 아파서 2월 내내 팔을 쓰지 못했다(부작용도 참~여러 가지다). 3월에 입원하여 치료한 덕분에 훨 수월하지만 아직도 워드 작업을 하거나 하면 왼 손목이 부어올라 쉬어야 한다.

작년에 치료에 집중하려 전세금을 헐고 일을 쉬었다. 가끔 상담이나 특강으로 견디면서 치료에 집중했다. 이제 그 돈도 바닥이 나고, 나의 인내심도 한계인 듯 침을 견디기가 단내가 나고, 이런저런 일로 병원 생활이 점점 힘들어서 속이 상한다. 병원이 있는 양산까지 두 달 간격으로 입원하여 침과 약물치료를 병행하고 있다. 먼 길을 혼자 운전해서 오가며 치료받는 것도 힘들지만, 사실, 낯가림이 심해서 열흘 여를 낯선 사람들과 생활하는 일이 여간 힘든 게 아니다. 게다가 다른 환자들의 불평까지 감수해야 하는 상황이라 매번 신경이 쓰인다. 그래서 퇴원하고 돌아오면 침 몸살과 속상한 마음으로 혓바늘이 돋곤 한다. 이런 상황에서 주치의 선생님도 환자들 사이에서 마음고생이라 그것도 부담이 된다.

피부가 살아나면서 몸은 점점 더 민감해지고 있다. 지금 먹는 약도 신생아 용량으로 복용하고 있다. 성인이 하루 한 번, 신생아 용량으로 효과를 보인다는 것 자체가 사실 이해하기 어렵다. 그런데 그 용량으로 효과가 있을 만큼 민감한 게 오히려 좋은 징후라니 할 말 없으나 나의 예민함에 질린다.

　이제 한 두 시간 정도는 거뜬히 걸을 만큼 체력도 회복되고, 자세가 펴지고 맨바닥에 앉거나 누워도 괜찮고, 효자손으로 등을 긁어도 아무렇지도 않으니 수포성표피박리증 환자들이 들으면 믿기지 않을 것이다. 그러니… 그러니까… 그래서! 여기서 멈출 순 없는 것. 그럼에도 마음은 바닥으로 추락하고 있다. 그저 맥없이 "마음아! 이겨라!!!"를 되뇌어 본다. 7월 중순 입원해 치료하면서 기운은 조금 달리나 철옹성 같던 정강이와 발목이 눈에 띄게 좋아지고 있어 놀랍다. 하루 대여섯 시간을 앉아서 작업 할 수도 있고, 통증도, 가려움도 없다. 살결이 더 부드러워지고 탄력도 더 좋아지고 전반적으로 피부색이 희어지고 있다.

　퇴원하고 와서 치과 치료까지 마무리했다. 2년여 만에 마무리하고 이제 잘 적응하기만 하면 된다. 마지막 날, 3시간 동안 의치를 맞추느라 어찌나 고생했던지. 치과 로비에서 한 시간여를 누워 있었다. 며칠 몸살을 했다. 의치를 마지막으로 보정을 하고 더 잘 맞추려고 하다 뜻하지 않게 과 접착되어 빠지지 않는 상황이 벌어졌다. 의치를 빼느라 한 시간 넘게 애를 쓰는데도 도무지 까딱하지 않았다. 고통이 너무 심하니 마취를 하면 좋으련만 마취 후유증이 무서워 그냥 해 보자 하였는데 한 시간이 넘도록 애를 써도 빠질 기미가 보이질 않았다. 마취도 하지 않고 한 시간 넘게 입술이 터지지 않게 하느라 치과 원장님이 얼마나 고생을 했는지(다음날 괜찮으냐고 안부 전화 주신 치과 원장님이 고맙다). 그 난리를 치르느라 입술이 붓긴 했지만 터지지 않아 점막이 얼마나 단단해졌는지 다시 한번 확인했다.

　이렇게 놀라울 정도로 피부는 점점 좋아지는데 이런저런 일로 지친다. 그저 올 연말까지만이라도 걱정 없이 박사과정과 치료에 전념할 수 있기를 기도하고 있다. 복잡한 마음을 설문지 코딩 단순 노동으로 견디고 있다. 덥고 습한 올 여름, 별일 없이 그저 잘 견디길.

　지난번 입원치료에서는 커다란 대침大鍼으로도 별 통증이 없어 수월하였다. 새삼, 처음 침 치료를 시작했던 십수 년 전 그날이 생각났다. 그때는 두어 달 간격으로 진주에서 춘천으로 운전해서 다녔다. 그 먼 길을 5년여 동안 혼자 어찌 다닐 수 있었나 싶지만 다녀올 때마다 새살이 돋고, 통증이 줄고, 가려움도 수포도 눈에 띄게 줄어드니 힘든 줄 몰랐다.

　약물로 치료하면서 피부가 제법 나았기에 침은 쉽게 맞을 수 있으리라 여겼다. 하지만 처음 침 치료를 시작하던 날은 제일 작은 유아 침이 들어가지 않아 란셋으로 살을 뚫고 침을 놓아보기로 했다. 침을 맞을 때마다 통증으로 온 병실 환자들이 긴장할 만큼 비명을 지르곤 했다. 그렇게 시작된 침 치료는 상처 주변으로 침을 놓아 고슴도치가 되기도 하고, 도무지 꿈쩍 않던 고질 부위에는 전기 침도 시도하고, 팔 체질 침까지. 그렇게, 그렇게 피부는 웬만한 자극은 이겨내고 자세가 반듯해졌다. 무엇보다 탱글탱글, 촉촉한 발이 되고 물샐틈없던 발가락이 벌어졌다. 이제 피부 점막이 회복되면서 손, 발가락 사이 융합이 줄어들어 손가락도 발가락도 벌릴 수 있다. 치료 초기 손가락 사이 융합이 사라져 손가락을 넓게 벌릴 수 있어 놀라웠다. 그동안 발가락은 별 변화가 없어 기대하지 않고 있었다. 침 치료를 하면서 발가락까지 융합이 줄어들었다.

　손과 발이 맨들맨들해서 걸핏하면 미끄러지고 넘어졌는데, 지문이 드러나 미끄러지지도 않고, 맨발에 젤리슈즈나 샌들을 신고 다녀도 멀쩡하니 얼마나 감사한가! 그동안의 우여곡절이야 이루 말로 다 할 수 없지만 피부 상태를 보아가며 1~2g 단위로 조절하며 복용하고 있는 약이 부작용만 생기지 않으면 곧 상처 없이 단단해질 것 같다. 그저, 지금 이만큼만. 상처가 하나도 생기지 않을 때까지 별일 없이 치료를 쉬지 않기를 기도드린다.

학위를 받다

　논문발표를 하루 앞두고는 밥을 한 공기도 채 못 먹었다. 발표 당일 논문심사를 기다리는데 심장이 튀어나올까 봐 손으로 누르고 있어야 했다. 콩닥거리는 가슴을 겨우 진정할 무렵, "임 박사님! 축하합니다! 수고하셨어요."라는 심사위원장 교수님의 축하가 메아리처럼 들려왔다.

　논문 완성본을 학교에 제출하고 곧바로 치료를 위해 입원을 했다. 논문을 쓰는 한 학기 동안 피부가 잘 버텨주었다. 실험 끝내고 결론 쓰는 한 달은 하루걸러 밤을 새우며 작업을 할 수 있었다. 접촉사고에도 병원도 못 가고 이틀을 끙끙 앓고 제대로 추스르지도 못하는 강행군이었다. 모든 과정을 끝내고 나니 손가락 하나 까닥할 수가 없었다. 겨우 병원에 도착해서는 주치의 선생님에게 논문을 드리고 비몽사몽 간에 치료를 받으며 이틀 내내 잠만 잤다. 사흘째 되던 날 몸이 추슬러지며 커피가 당겨 병원 앞 카페에서 오고 가는 사람들 구경하며 커피를 마시는 데 온몸과 맘이 그 무엇으로 가득 차오른다.

 논문심사를 통과하자마자 나의 첫 담임 선생님이 생각났다. 별난 엄마들 앞에서 나를 지지해 주신 나의 첫 담임 김석근 선생님. '선생님! 은주가 할 수 있는 최고의 것을 해냈어요. 선생님께서 아껴주셔서 운명에 지지 않았어요. 선생님 고맙습니다!' 선생님은 한센병이라고 오해를 해서 저런 아이와 우리 아이가 어떻게 같이 학교 다닐 수 있느냐고 대놓고 항변하는 엄마들 앞에서 내 볼을 비비며 "얘가 병이나 옮기는 아이가 아닙니다. 걱정하지 마세요!"라며 나를 변호해 주셨다. 그 시절엔 내가 왜 아픈지, 무슨 병인지도 몰라서 친구들이나 부모들에게 뭐라고 대답할 수가 없으니 뭐라고 하든 고스란히 듣고 있어야 했다. 그런 나를 언제나 세심하게 챙겨주셨던 선생님.

 내 인생에 행복한 날을 꼽으라면 초등학교 입학하던 날이 첫 번째이다. 입학 기념사진을 보면 양 갈래로 머리를 땋고는 새초롬하게 앉아 있다. 한 달 전에 맞춰 놓은 교복을 걸어놓고 입학식 날을 얼마나 기다렸는지 모른다. 입학식 날 새벽같이 일어나 엄마가 땋아 준 머리가 풀어질까 봐 학교 가는 시간까지 고개도 돌리지 않고 앉아 있었다. 1학년 때는 등교하고 겨우 1교시를 마치면 기운이 다 빠져서 책상에 엎드려 있다 양호실에 누워 있기가 다반사였다.

 양호실은 운동장과 가까워 쉬는 시간이면 아이들이 뛰어노는 소리가 그대로 들렸다, 수업 시작 종소리와 우르르 아이들이 들어가는 소

리가 잦아들면 운동장은 조용해지고 나는 잠이 들었다. 마치는 종소리에 잠이 깨면 종례를 마친 선생님은 가방을 챙겨 오셔서는 "은주야~ 엄마 오셨다. 일어나~" 그런 날은 엄마 등에 업혀 집으로 돌아왔고, 며칠씩 결석을 하고. 일주일에 두어 번이라도 학교 가는 것이 힘들었다.

또래들보다 한글을 일찍 깨쳐서 책 읽는 것이 유일한 낙이었다. 책을 읽다 보면 골목에서 아이들이 뛰어노는 소리가 들리지 않아서 좋았다. 이유는 몰랐지만 여기저기 상처투성이에다 어쩌다 아이들과 잠깐 놀다 보면 어딘가를 꼭 다쳤고 그 상처로 몇 날 며칠을 아파 누워 있어야 했던 나는 친구와 놀 수가 없었다. 막연하게 나도 학교에 가면 병이 다 나아서 친구들처럼 마음대로 뛰어놀 수 있으리라 생각했다. 그렇게 시작된 학교생활은 초등학교부터 휴학과 복학을 반복하며 대학을 졸업했다. 학교는 다른 사람들과 나를 동등하게 여길 수 있는 유일한 공간이었다. 할 수 있는 것이 공부밖에 없었던 나에게 대학 졸업은 마치 사막으로 내동댕이쳐지는 기분이었다.

대학을 졸업하고는 직장 생활을 시작했다. 전공인 불문학을 계속 공부를 하고 싶었으나 대학 졸업 반 어느날 큰오빠와 엄마가 나누는 이야기를 듣고는 독립해야 한다는 생각을 했다. 아픈 동생은 자신이 돌볼 테니 걱정하지 말라는 오빠 이야기를 듣고는 한편으로 고맙기도 하면서 '내가 형제에게 얹혀서 식충이로 살아야 하나?'라는 생각에 아득해졌다. 그래서 경제적으로 독립하려고 직장을 찾았다. 다행히 어린 시절부터 꿈이었던 보육원 보육교사로 첫 직장을 얻었다. 직장 생활을 서울에서 하게 되어 자연스럽게 독립을 하였다.

첫 월급을 받은 날이 두 번째로 행복한 날이었다. 첫 월급 명세서는 아직도 간직하고 있다. 얼마 되지 않는 돈이지만 돈을 벌었다는 기쁨으로 세상 부러운 것이 없었다. 그 기쁨도 잠시, 직장 생활로 몸도 맘도 만신창이가 되었다.

짧은 보육교사 시절에 장애 진단 유예 아동을 보살피면서 아이가 조금씩 좋아지는 모습이 신기하기도 하고 잘 할 수 있는 일이라는 것을 알았다. 그렇게 인연이 되어 만난 장애인 선교단체를 통하여 장학금을 받으며 대구대학교 심리치료학과(현재 재활학과)에 학사 편입을 하여 다시 대학을 다니게 되었다. 두 번째 대학을 졸업하고는 장애 아이들에게 언어치료와 인지 및 행동치료로 돈을 벌어가며 석사과정을 시작했고, 석사과정을 마치고는 탈진하여 아무것도 할 수가 없었다. 무엇보다 절망감으로 어쩌질 못하였다.

대학 졸업을 앞두고 내 병이 현대 의학으로는 치료할 수 없는 희귀질환이라는 것을 알고서 절망했다. 그 절망감에도 서른을 훌쩍 넘어 석사과정을 시작하여 2학기부터 출강도 하고 장애아동 조기교육센터를 운영하며 애써 살았지만 서른여섯이 되도록 아프기만 한 나 자신이 서럽고 불쌍했다. 이렇게 아프기만 하다 죽는 인생인가? 무슨 인생이 피어보지도 못하고 지는지 서럽기만 했다. 그 서러움을 통해 하나님과 씨름했다. 야곱이 환도뼈가 빠지도록 싸운 그 씨름을. '하나님, 제가 살아야 한다면 살아야 하는 이유를 가르쳐 주시고, 아니면 이만 데려가 주세요. 더는 아파서 살 수가 없어요, 저를 조금이라도 불쌍하게 여기신다면 데려가 주세요!' 그 절망의 끝에 살아계신 하나님을 만나 다시 일어났다.

몇 년 후 내 병에 관심을 가진 지금 주치의 선생님인 한의사를 만나게 되어 치료를 시작하였다. 하루하루 상처가 아물고 새 살이 돋으며 회복되었다. 어떤 날은 온종일 통증 없이 지나가기도 하고, 책상 모서리에 부딪혔는데도 상처가 생기지 않는 기적 같은 날도 있었다. 그즈음 공부에 대한 갈증이 생겼다. 탈진을 경험하여 공부는 엄두를 내지 못하였는데 용기를 내었다. 석사를 마치고 10년 만에 박사과정을 시작하여 6년 만에 학위를 받았다. 유명 대학도 아니고, 대단한 이론을 세운 것도 아니지만, 내가 할 수 있는 최선의 것을 해냈고 연구를 통하여 내 평생을 설명할 수 있는 '탄력성'이란 주제로 다른 사람을 도울 수 있으니 얼마나 잘한 일인가. 바라기는 사람을 살리는 연구자, 교육자, 상담가로 살아갈 수 있으면 좋겠다.

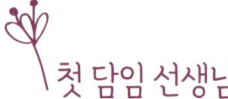

첫 담임 선생님

"선새님, 진아가 주어요."라며 꽃바구니를 내밀고는 두 팔로 하트를 만든다. "아~ 진아야 고마워!!!" "선새님, 기분 좋아요?" "응! 무지무지 좋아!"

'선생'으로 사는 게 얼마나 큰 복福 인지 모르겠다. 선생 노릇을 한지 30여 년이 다 되어가니 만난 아이들이 200여 명은 족히 되겠지? 한명 한명 마음으로 만났으니 그 정情이 남다르다. 이렇게 나를 선생으로 살 수 있게 해 주신 선생님은 나의 첫 선생님, 초등 1학년 담임 선생님이

시다.

　십수 년 전 장애아동 그룹홈 하던 시절 아이에게 학교 일로 문제가 생겨 교육청을 찾아갔을 때, 교육장님으로 계셔서 또 도움을 받았다. 처음에는 모르고 그냥 교육장실을 찾아갔었는데, "우리 은주 왔네! 그렇지 않아도 서류를 보고는, 너인가 했지!"라시며 맞아주셨다. 30여 년 만에 첨 뵙는데도 마치 어제도 만난 것처럼 맞아주셨다. 아이 일로 여차하면 소송을 걸려고 씩씩거리며 찾아간 교육장실에서 뵙게 되어 어찌나 죄송하던지.

　난 아직도 초등학교 입학식 날을 기억하고 있다. 지금껏 그 날처럼 가슴이 설레었던 적은 없다. 새벽 4시엔가 일어나 머리 감고 세수하고는 엄마에게 머리 땋아달라고는 학교 갈 시간까지 꼼짝 않고 앉아 기다렸다. 그렇게 등교하여, 입학식을 하고 처음 만난 선생님께서 내 이름을 알고 계시다는 게 신기하기도 하고 부끄럽기도 하였다(입학식 사진을 보면 담임 선생님 옆에서 어찌나 새침 떼기 같이 앉아 있는지!).

　나의 첫 담임 선생님은 큰오빠가 부산에서 전학 와 처음 만난 담임 선생님이시기도 하다. 덕분에 선생님께서는 입학시험(초등학교를 시험 쳐서 들어갔다)을 치던 날에도 반겨주셨다. 그저 학교 다닐 수 있다는 기쁨 하나로 세상에서 가장 행복했던 나는 입학식 후 며칠 다니고는 학교에 거의 가지 못했다. 어쩌다 학교에 가도 첫째 시간은 참고 앉아 있다가 더 못 견디고 둘째 시간부터는 양호실에 누워서 엄마를 기다리기가 일쑤였다. 그리고 힘이 들어 그랬는지 교실에 앉아 있다 보면 곧잘 토하곤 했다. 그러면 엄마가 오실 동안 나를 챙겨서 양호실로 보내고는 선생님께서 청소하셨다.

어느 날 받아쓰기를 하는 데 한 번 틀린 걸 또 못 쓰고 쩔쩔매다 선생님과 눈이 마주쳤다. 옆에 오셔서 "모르겠나? 잘 생각해 봐!"라며 슬쩍 가르쳐 주셔서 그날 100점을 맞았다. 제일 기억에 남는 건 연구수업을 하던 날이다. 수업 중반 무렵 나에게 질문을 하셨는데 일어서서는 부끄러워 말도 못 하고 다리를 긁고 있었더니, "은주야! 긁지 말고 잘 생각해 봐! 네가 아는 거야!"라며 내가 대답할 때까지 기다려 주셨다. 그 날 이후 학교에서 나를 해코지하는 사람은 아무도 없었다. 학부모들도 더는 아무 말 않았다.

그 시절 아버지는 말단 공무원이셨고, 난 볼품없을 뿐 아니라 손발톱이 다 빠져버려 한센병 같은 데다 부딪히기만 하면 상처가 생기니 어머니께서 학교를 보내는데 얼마나 가슴을 졸이셨을까? 그래서 학교 근처(여차하면 데리러 와야 하는데 나는 버스만 타면 멀미를 하고, 우리 집엔 차가 없으니)로 이사를 하며 학교 보낼 준비를 하셨고, 입학식 날에도 머리를 빗겨주시면서 손을 떠셨다.

입학식 날 엄마는, 학생회장으로 강당에서 후배들에게 인사말 하는 큰아들은 자랑스러우셨을 게고, 철없는 딸을 보면서는 가슴 아프셨을 거다. 그렇게 시작된 나의 학교생활은 첫 담임 선생님 덕분으로, 비록 출석보다 결석을 더 많이 하고, 등교해서도 양호실에 누워 있는 시간이 더 많았지만, 1학년을 잘 마치고 대학까지, 아니 대학원에서 박사학위까지 받았다.

오늘은 그 선생님이 더 많이 생각나고 뵙고 싶다. 사는 동안 수없이 많은 사람과 부대끼며 주저앉기도 하고, 서러워서, 억울하기도 했지만, 언제나 첫 담임 선생님과 나를 사랑스럽게 안아주고 믿어준 사람들 덕분에 다시 일어설 수 있었다. 그리고 아직 선생님의 발꿈치만큼도 따라갈 수 없지만, 아이들의 '선생'으로 살고 있다. 나도 누군가에게 힘이 될 수 있는 '선생'으로 살아가면 좋겠다. 선생님! 고맙습니다.

오늘 하루

강남역에서 간선 400번 버스를 타면 논현, 한남동, 한강진, 이태원, 국립중앙박물관, 이촌동, 용산을 지나 숭례문, 시청에서 순환하며 서울 구경을 할 수 있다. 서울 시내 유명한 동네를 구불구불 돌다 보면 서울이 글로벌하기도 하고 장삼이사張三李四들이 사는 곳임을 알 수 있다. 한강진역에서 이태원 사이에서는 세계의 요리를 맛볼 수 있다. 괜히 꿀꿀하거나 기분이 좋은 날이면 강남으로 가서 400번 버스를 타고 숙대에서 애제자를 만나 동네 구경하고 차 마시며 수다를 떨곤 하는 게 재밋거리가 되었다.

장마가 시작되는 어느 여름날 서울을 비롯한 중부 지방에 강풍과 폭우가 내린다는 예보에도 잠시 비가 안 오길래 버스를 탔다. 오늘은 남산으로 가고 싶었다. 잠시 그친 비가 후드득 내렸다, 안개가 되었다 그치기를 반복하는 딱 내 기분 같은 날이다. 덕분에 남산은 한적하니 좋았다. 올라가는 길에 여명학교가 보여 반가웠다. 여명학교는 참 멋진 곳에 자리를 잡았구나!

가끔 들르는 산방에서 밥 먹고 노닥거렸다. 창밖은 온통 푸르고 방안은 노르스름한 조명으로 편하다. 불빛 고즈넉한 저녁 으스름까지 윤이와 얘기하고 놀다 왔다. 이제 책도 읽히고, 글도 쓰며 일상으로 돌아오는 것 같다.

... 산다는 것은, 인생의 가치와 목표를 정하고 그 목표를 향해 걸음을 디딜 때마다 나 자신을 목표에서 빗나가게 하고 타협시키려는 현실적인 문제에 대해 반응하는 것이다. 그런데 우리는 단지 인생의 목표와 가치를 설정했다는 것만으로 너무 만족하고 큰소리를 친다. 그러나 산다는 것은 그 목표가 아무리 멋있고 가치 있는 것이라 해도 그 목표에서 빗나가지 않으려는 노력이기에 훨씬 신경질 나고 자질구레하여 세심한 것이다. 다시 말해서 산다는 것은, 자기 삶의 궁극적 목표들을 향해 오늘 하루 가는 이 길을 구부러뜨리지 않고자 부닥치는 아픔과 슬픔이다. 삶이란 가만히 앉아서 목표를 확인하고 쳐다보는 것이 아니라 자신이 스스로 걸어가는 것이기 때문이다.

박영선 목사님의 글 중에서

그렇다. 산다는 것은, 신경질 나고 자질구레할 뿐 아니라 욕지기가 나고 미주알고주알 신경전이다. 간간이 뿌리던 비가 추적추적 내린다. 따뜻한 커피가 소슬하니 추워지는 몸을 데워준다. 커피를 마시다 보니 오늘은 왠지 쌉싸름한 첫맛보다는 조금 식었지만 달콤한 맛이 더 정겹다.

오늘 하루 참 생각이 많았다. 하루하루 산다는 게 이렇게 쓴맛을 견디고 쵸콜렛같은 단맛을 즐기며 새 힘을 얻는 거겠지? 짧지도, 길지도 않은 세월을 사는 동안 내가 원하는 것, 원치 않지만 겪어야 하는 것, 그 모든 것이 하나님의 뜻 안에 있다는 것이다. 운명이나 숙명이 아닌 하나님의 사람으로 빚어 가시는 '하나님의 작정'인 것이다. 다만 바라기는 내가 원하는 것들이 그 '작정' 안에 있기를 바라며, 그 신실하신 약속을 신뢰하며, 의지를 들여 기다리는 것. 신뢰는 의지를 들이는 일이다. 긴가민가 의심을 이기고, 마음과 뜻을 다하여 신뢰하는 것이다. 하~~~참! 이렇게 처절하며 갈등이 많은 걸 보니 내가 살아있구나. 그래, 오늘도 하루를 살았다.

휴식

밥을 안치고 나물 무치고 고기 볶고 된장국 끓여서 늦은 아침을 먹는다. 지난 2주 동안은 매일 상담하고, 주말엔 교회 청년들 모임에 스텝으로 정신없이 보냈다. 2주 만에 아무 일 없이 내일 오전까지 온전히 내 시간이다. 빨래를 널고 내친김에 걸레질까지 하며 청소를 한다. 햇살이 좋아서 쿠션과 베개 속까지 꺼내서 베란다에 내놓았다. 나의 일이 상담하고 가르치는 일이라 연일 내담자를 만나다 보면 자잘한 일상이 그리워진다. 오랜만에 얻은 시간이다. 미뤄둔 집안일도 하고 입맛대로 음식을 만들어 천천히 음미하며 기운을 차려본다. 오늘은 아무것도 하지 않고 빈둥거리기다.

　설거지하고 커피를 내린다. 햇살 가득한 창가에서 내리는 커피는 싱그럽다. 한낮 햇살에 피어오르는 커피 향을 놓칠세라 흠뻑 들이마시며 머금은 첫맛은 깊고 부드러운 쓴맛, 초콜릿의 쌉싸름함을 뒤이어 살짝 단맛. 아~ 참 좋다! 나의 유일한 사치, 커피 한 잔의 호사가 감사하다. 커다란 쿠션에 온몸을 집어넣고 동화책을 읽는다. 빈둥거릴 땐 동화책이 제격이다. 아무리 생각 없이 빈둥거린다고 다짐했어도 동화책을 읽으니 아이들 생각이 난다. '이 이야기는 누구에게 해줄까? 저 이야기는 ㅇㅇ이에게 하면 좋겠다.' 생각하다 설핏 잠이 들었다.

　서늘한 기운에 일어나니 창 너머로 노을이 진다. 마흔이 넘어서야 노을이 얼마나 아름다운지 알았다. 마지막 열정을 태우고 꽃답게 지는 노을을 보며 나의 생이 노을처럼 아름답기를 기도한다. 옅어지는 노을빛을 따라 용재 오닐의 비올라로 듣는 슈베르트 음악은 노곤하니 기분이 좋다. 비올라가 이렇게 감성적일 줄이야.

　지난 주말 교회 청년들 모임을 마치고 집으로 돌아오는 길은 밤을 꼬박 새우며 집단 상담을 진행하여서인지 다리도 아프고, 발바닥은 화끈거렸지만 마음이 참 가벼웠다. 이런저런 이유로 누구에게도 열어 보인 적 없는 자신조차 마주 보기 힘든, 마음 한구석 깊은 방을 가진 청년들이 그 무거운 문을 열어보길 바라는 마음으로 상담을 진행하였다. 상담은 새벽이 되어도 끝날 줄 모르고 꼬박 새웠다. 동이 터올 무렵 조금씩 힘을 내어보려는 그들이 고마웠다. 바라기는, 살이 마르고 뼈가 쇠하도록 깊은 그 무엇으로 고민하는 그들이 1박 2일 짧은 모임으로 혼자가 아니라는 걸 알았으면 좋겠다. 그리고 어떠하든지 자신을 그대로 받아들이는 용기를 내었으면. 그래서 이 젊은 날을 지나, 그 시절이 있어 이렇게 행복하다고 고백할 수 있기를 소망한다. 그 소망이 나를 빛나게 해 주어 참 고맙다. 아직은 쌀쌀한 바람에서 봄기운이 흠씬 묻어난다. 다음 장날엔 후리지아 한 다발 사야겠다.

치료 시작하다

밤새 얼마나 긁었는지 피가 엉겨 이부자리와 붙어버렸다.
불현듯 '손톱이 없어서 참 다행이야.
하나님 고마워요.'란 말이 절로 나왔다.

진단을 받다

　대학 4학년 1학기를 마치고 여름방학은 깊이를 알 수 없는 바다속에 잠기는 것 같았다. 한 학기만 마치면 졸업이고 사회로 나가야 한다는 압박감으로 무기력한 나날이었다. 겨우 마음을 붙들고 어린 시절 다니던 여수 애양원을 다녀왔다. 순천 가는 기차는 옛날과는 다르게 역마다 서지 않았다. 지나치는 간이역 이름이 그대로여서 반가웠다. 순천에서 여수행으로 갈아타서 예전처럼 신풍역에 내렸다. 역에서 병원 가는 신작로가 한눈에 들어왔다. 10분도 채 걷지 않아 병원에 닿았다. 엄마 등에 업혀 가거나, 혼자 종종걸음으로 따라가던 그 넓고 길고 길었던 길이 이렇게 금방 닿을 거리였다니! 기차 시간에 맞추어 병원을 돌아 나오면서 세상사가 이렇게 지나고 나면 손쉬울 수도 있나 보다는 생각이 들었다. '학교를 떠나는 게 지금은 무섭고 무섭지만 살다 보면 수월한 날도 오겠지?'라는 생각을 안고 왔다.

　방학 동안에 그동안 미뤄두었던 진단을 받아보기로 했다. 어린 시절엔 대학병원도 많지 않았고 대학병원을 가려면 서울로 가야 하니 엄두를 내지 못하였다. 게다가 다녀본 병원마다 병명을 못 찾는 것인지 큰 병이라 말하지 않는 것인지 어느 의사도 병명을 말해주지 않았다. 집안 형편이 큰 병원에 가볼 형편도 되지 않았고 그저 나으려니 그 세월을 보냈다. 피부병을 잘 본다고 소문난 애양원을 다니던 시절 미국인 의사는 조직검사 결과도 병명도 가르쳐주지 않고 나을 수 있다고만 말했다. 그 시절에 나는 너무 어렸고 엄마는 아마도 큰 병이라 생각하지 않아 굳이 병명을 묻지도 않았을 것 같다. 그렇게 내가 왜 아픈지, 무슨 병인지 모르고 살았다. 스무 살이 넘도록 더 깊어지는 병은 어떨 때는 제대로 걸을 수도 없고 앉아도 아프고 누워도 아파서 어쩌지 못하는 날들이 나날이 늘어 단순히 피부만의 문제가 아니라는 생각을 하고 있었다. 애양원에서 치료해 주시던 미국인 의사 선생님께서 들려주신 "나을 수 있어요!"라는 말을 붙들고 있었지만 어렴풋이 불치병일지도 모른다고 여겼기에 진단을 받는 데는 용기가 필요하였다. 이제 사회생활을 하려면 제대로 알아야 하겠기에 진단을 받아보기로 했다.

조직검사를 하고 결과를 기다리는 일주일은 내내 속이 부대꼈다. 여느 날과 다름없는 날들이지만 여느 날 같지 않았다. 그렇게 일주일이 지나고 만난 의사가 들려준 말은 '선천성 수포성표피박리증'이란 진단명과 치료법이 없다는 두 마디였다. 스물여섯이 되어 알게 된 아픔의 이유와 병명이 너무 간단하여 마치 남의 이야기 같았다. 더 물어볼 말도 더 들을 말도 없을 것 같아 병원을 나와 의대도서관으로 갔다. 도서관에서 피부병리학 책을 찾아보니 거기에도 별 설명이 없었다. 수십 년이 지난 지금도 그날 허탈함이 생생해서 명치 끝이 찌르르하다.

사람마다 나를 보면 화상을 입었는지? 아니면 아토피나 한센병인지를 묻곤 한다. 진단을 받았지만 이제 그 물음에 병명을 말해 줄 수 있다는 것밖에 다른 소득은 없었다. 사소한 자극에도 피부가 훌러덩 까지고 수포가 손바닥만 하기도 하고 피가 고이거나 곪으면 아파서 어쩌지 못할 때, 상처를 씻고 드레싱을 갈 때마다 비명을 지르고, 통증으로 몇날 며칠을 새우고 폐허 같은 몸을 보며 '이게 사람의 몸인가?' 수없이 울었던 날들, 엄마가 나를 낳았으니 '나는 사람이야!'를 죽을 힘을 내어 붙들었던 날들을 대학병원에서 의사는 두 마디로 설명하였다.

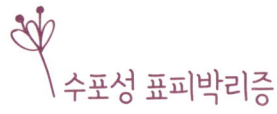
수포성 표피박리증

선천성 수포성표피박리증 Epidermolysis Bullosa은 피부를 구성하는 표피와 진피 사이를 붙들어주는 결합 단백질이 없어 가벼운 자극이나 외상에도 물집이 생기거나 피부가 벗겨져 극심한 통증을 유발하는 희귀한 유전질환이다.

피부는 우리 몸에서 가장 큰 신체기관이다. 피부는 생명을 유지하기 위한 1차 방어선일 뿐 아니라 체온조절, 수분손실 억제, 감각수용기 함유, 다양한 생화학물질 합성 및 소량의 노폐물 배출 등 다양한 기능을 한다.

수포성표피박리증은 피부가 허약하여 이 모든 기능이 소실되거나 제한적이다. 피부의 표피와 진피가 서로 붙어 있지를 못하니 사소한 외상이나 물리적인 자극으로 피부가 벗겨지거나 수포가 발생하고 영양실조로 피부가 허약하다. 그래서 시시때때로 생명을 위협받기도 하고 끊임없이 반복되는 상처로 일상생활에서 겪는 장애는 중증장애인과 별반 차이가 없다.

모든 유형의 수포성표피박리증 환자들이 피부가 허약한 이유는 유전자의 돌연변이로 콜라겐 합성이 되지 않기 때문이다. 피부 허약으로 인한 대표적인 증상은 수포로 인한 상처의 반복과 가려움, 감염, 통증이다.

수포성표피박리증은 병변이 생기는 피부층에 따라 표피에 생기는 단순성, 진피에 생기는 이영양성과 경계부에 생기는 경계성 세 가지의 주 유형으로 나누어진다. 경계성과 이영양성 유형에서는 사소한 자극으로도 수포가 생기고 미처 아물기도 전에 다른 자극으로 상처가 반복되어 피부와 근골격계의 위축 등 신체 변형이 진행되는 경우가 많다. 피부뿐만 아니라 눈, 비강, 구강, 기도, 식도, 위장관. 심장과 폐까지 점막이나 점막과 같은 구조의 내부 장기에도 병변이 침범하여 합병증을 유발하거나 심한 경우 생명을 위협하기도 한다. 특별한 치료법은 없으며 수포의 예방과 합병증 관리가 최선이다.

　모든 유형의 수포성표피박리증 환자들은 상처가 아물면서 대부분 화상으로 생긴 것 같은 흉터가 남는데 열성 이영양성과 경계성 유형의 모든 환자는 피부뿐 아니라 내부 장기에도 흉터가 있다. 그리고 대부분 손발톱이 빠져버리거나 손발톱이 있더라도 영양실조로 온전한 모습을 유지하지 못한다. 점진적으로 손,발바닥이 각질화, 위축되어 지문이 사라지고 대부분 비립종과 반흔성 탈모가 나타나 한센병 환자로 오해를 받기도 한다.

　수포성표피박리증환자의 유전자 결함은 피부뿐 아니라 점막 구조와 같은 조직들에서 영양실조가 가장 많이 일어난다. 병변이 점막으로 침범되었다면 신체 내부에도 수포와 미란, 궤양과 반점이 생긴다. 이런 증상들이 눈과 신유관에 나타나 실명하기도 한다. 그리고 식도 침범이 만성적이거나 지속적이라면 반흔scarring과 협착을 가져오며, 드물게는 식도의 완전한 폐색을 불러온다. 소장침범은 만성적으로 흡수 불량을 초래하여 영양실조와 같은 악순환이 반복되고 대장의 기능에도 불구하고 심한 변비와 치열, 또는 항문협착을 유발하여 몹시 고통스럽다. 비뇨생식기 침범은 요도 협착이나 폐쇄를 가져온다.

　에나멜의 발육부전은 이영양성과 경계성 유형의 특징적인 양상으로 초기에는 치아 표면이 움푹 파이고 치아 부식이 심하여 치아 기능의 대부분을 상실하게 된다. 그리고 이들 유형의 현저한 특징은 손, 발가락 사이 피부막 융합이다. 융합을 관리하지 못하면 상처조직에 의한 융합이 발생하여 손발의 기형을 초래한다. 손, 발가락의 융합으로 손, 발가락을 잘 쓰지 못하게 되고 이는 뼈의 재흡수와 근육위축을 유발하여 지문의 소실, 손, 발톱 탈락, 손발의 기능상실을 가져온다. 또한 열성이영양성 수포성표피박리증 유형의 환자들은 만성적으로 신장결함을 겪는다.

현재까지는 선천성 수포성표피박리증 어떤 유형에서도 특별한 치료법은 없다. 매일 매일 반복적인 물리적 외상관리와 감염 예방이 최선이다. 또한 피부 외부에 발병하는 합병증은 대부분 수술이나 의료적인 관리를 해야 한다.

빈혈은 철분공급 또는 수혈이 필요한 경우도 많다. 만성적인 영양실조는 더 세심하게 관리해야 하는데 영양공급을 위해 위를 절개하여 튜브를 꽂아 식사를 공급하는 경우도 생긴다. 식도와 요도 협착이 있는 경우 반복적일지라도 확장술이 필요하다.

식도협착은 신체에 광범위하게 영향을 미칠 뿐 아니라 심각한 양상을 띤다. 식도협착이 심해지면 생존을 위해 결장이나 치환을 선택해야 한다. 급성 식도협착은 생명을 위협하는 기도폐색(특히, 경계성 환자), 후두기관의 협착 또는 협착증 등의 합병증을 유발하는데 이런 경우는 기관절개를 고려하기도 한다.

손과 발 기형은 수술이나 피부이식, 인조피부 입히기 등의 처치로 일시적인 효과를 볼 수는 있지만, 환자가 감당해야 할 부담이나 후유증이 더 크다. 구조적으로 취약한 치아는 치아와 치관의 재건과 적응을 위해 가장 세심한 관리가 필요하다.

수포성표피박리증환자들에게는 합병증의 예방이나 관리가 최선이라고 한다. 하지만 그 관리나 예방은 병변이 점막을 침범하면 한계가 온다. 더이상 어찌해볼 수 없는 상황을 직면하게 된다. 사소한 자극에도 상처가 반복되다 보니 대부분 환자에게서 사회, 심리적인 위축이 나타난다. 만성적으로 허약하고 소모성 질환이기 때문에 물리적 환경뿐 아니라 심리적으로 영향을 크게 받는다.

투병?

난치병은 마주하여 이겨 낼 만한 상대가 아니다. 병을 마주하는 그 모든 노력이 나에게로 되돌아와 무릎이 꺾여질 때 주저앉으려는 충동과 싸우는 게 더 무섭다. 그래서 나는 '투병'이란 말을 잘 하지 않는다. 싸우기에는 나의 희생이 너무 크기 때문이다. 단지, 병으로 무너지지는 않으려 애를 쓰며 하루하루를 산다.

며칠 전 발목에 생긴 수포가 곪아서 오늘은 종일 통증이 심해서 진땀이 난다. 어제부터는 진통제도 소용이 없다. 그저 견딜 수밖에. 통증을 견디려고 오늘 할 일을 이를 악물고 했다. 오전에는 작품전시회 준비로 그림 그리러 다녀왔고, 오후에는 아이들 수업하고, 퇴근하고 와서는 밀린 속옷 빨아서 삶아 헹궈 널었다. 진통제로 진통이 되지 않고 아플 땐 이렇게 움직이는 게 상책이다. 누워 있다고 나을 게 아니니까!

하나님이 내게 준 가장 큰 복은 내가 불행하다는 생각이, 한 번도 그런 적이 없다는 건 아니지만, 별로 들지 않는다는 것이다. 나 스스로 잘 믿기지 않지만, 그렇다. 어쩌면, 불행하다거나, 슬프다는 생각조차 사치스러울 만큼 힘들어서였는지도 모르겠다. 사람들은 내게 묻곤 한다. 어떻게 그 지경으로 그렇게 씩씩하냐고? 그러면 나는 그냥 웃고 만다. 어느 시인이 그랬다. "왜 사냐 건 그냥 웃지요!" 그냥 웃을 수밖에. 왜냐면 나도 그 이유를 잘 모르니까. 단지, 아침에 눈을 뜨면 또 하루를 살아야 하니까.

스무 살 즈음엔가 어느 무더운 날 길을 가다 중학생쯤으로 보이는 소녀를 스쳐 지났다. 그 아이는 그 더운 여름날 목을 감싸는 터틀을 입고 있었는데, 그 사이로 화상 자국이 보였다. 그때 그런 생각이 들었다. '너는 그렇게라도 감출 수가 있구나! 난 어떻게 해도 나를 감출 수가 없는데.' 그 소녀에게 안타까움, 그리고 어떤 부러움으로 그 날 더위를 견디기 힘들었다.

새벽마다 눈도 채 뜨지 못하고 버스에 실려서는 해 뜰 무렵이면 낯선 곳에 도착하여 낯선 사람들 속에서 하염없이 순서를 기다리다 의사 가운을 입은 낯선 선생님을 만나던 유년의 날들. 그래서인지 나는 새벽을 좋아하지 않는다. 나의 유년은 가려움과 통증으로 겨우 새벽녘에 잠이 들고, 깨어서는 약 먹고 드레싱하고, 어쩌다 좀 기운이 나는 날이면 아이들과 잠깐 놀다 곧 지쳐서 잠드는 게 일상이었다. 그래서 항상 책이 내 친구였다.

다섯 살 터울인 큰오빠가 워낙 책벌레라 집엔 항상 학교도서관에서 빌린 책이 있었다. 오빠가 학교 가고 나면 그 책을 보면서 하루를 보냈다. 그 시절 '톰소여'는 나의 우상이었고, 지금도 세상에서 제일 부러운 사람이 그 녀석이다. 나의 유년은 왜 아픈지 이유도 모른 채 이 병원, 저 병원 찾아다니고, 약 먹고, 드레싱하고, 통증을 견디고, 책 읽고, 아주 가끔 친구들과 골목에서 어울리다 다쳐서 집으로 돌아와 아무도 모르게 눈물을 삼키던 기억이 대부분이다.

어디선가 향기로운 꽃바람이 불어온다. 등나무에 벌써 꽃이 피어 그 향이 신선하고도 감미롭다. 누가 알아주든 말든 꽃은 이렇게 자신을 피워낸다. 오락가락하는 날씨와 황사에도 굴하지 않고 꽃을 피워낼 준비를 하고 있었다. 이렇게 생명은 그 자체로 아름다운 것. 잠깐 그 향을 마시다 또 눈물이 난다. 무슨 까닭인지 요즘은 걸핏하면 눈물 바람이다.

얼마 전 대학 때 은사님을 우연히 만나 뵈었다. 감사하게도 30년 전의 제자를 기억하시고 "아주 좋아 보여 고맙다."며 반겨주셨다. 졸업을 앞두고 두려움 속에 떨고 있던 내게 "사람은 누구나 자기 짐을 하나씩 갖고 태어나지. 그런데 자네는 그 짐이 두 개라 힘들지? 자네에게는 그 짐을 지고 갈 힘이 있어 걱정 않는다." 시던 대학 은사님. 사람들은 내게 그랬다. 힘이 있다고. 그러나 나는 잘 모르겠다. 그 힘이 있는 건지, 아닌지.

TV에서 투병 중인 사람들 이야기를 들려준다. 나레이터가 "투병은 두려움과 싸움이다."란다. 그렇다. 투병은 절망이 주는 두려움과 싸움이다. 지금 그 싸움의 여정에서 숨이 차오른다. 지금까지 느껴보지 못한 두려움이다. 여기서 멈추면 어쩌나? 다시 돌아가면 어쩌나? 정말이지 예서 멈추지 말기를.

나는 수포성표피박리증 환자로 57년을 살고 있다. '선천성 이영양성 열성 수포성표피박리증', 병명 코드 Q81.2. 설명하자면 발생학적으로는 유전이며, 물리적으로는 피부의 허약, 그리고 수포의 발생을 의미한다. 현재까지 특별한 치료법은 없으며 관리의 첫 번째는 심리적으로나 물리적인 자극을 받지 않도록 하고 수포와 상처, 합병증을 예방하는 것이다. 매일매일 반복적인 물리적 외상관리와 감염 예방을 위한 관리가 최선이다.

관리가 최선이란 것은 치료법이 없다는 것을 의미한다. 그러나 나와 같은 열성이영양성의 경우는 관리에 한계가 있다. 30대에 처음 식도협착이 일어나서는 두어 번을 더 식도협착으로 죽을 고생을 하느라 온몸이 무너지는 것 같았다. 병변이 내부 장기로 침범하는 이영양성의 경우는 관리할 수 있는 수준이 아니다. 식도협착을 겪기 전까지는 그 사실조차 몰랐다.

피부는 신체의 가장 큰 신체기관으로 생명 유지를 위한 1차 방어선이다. 그 방어선이 제 기능을 하지 못하니 사소한 자극이나 외상으로 피부 표피는 벗겨지고, 아무리 영양식을 챙겨 먹어도 흡수가 잘되지 않아 피부를 지탱하는 진피는 영양실조로 무너진다. 진피에까지 병변이 침범하면 구강에서 식도, 위와 장, 항문까지 협착이 일어나 평생 먹는 것, 입는 것, 잠자는 것까지 쉬운 게 없다. 그러니 무슨 여력이 있어 싸울 수 있을까? 오히려 병에게 사정하고 매달리고 싶은 심정인데.

 점막 침범

　스물아홉 6월 어느 날, 하늘에 뭉게구름이 예쁘게 피어 맑고, 맑고, 맑아 눈이 시렸고 이른 여름 기운으로 제법 더웠다. 가끔 꺼내보는 영화 '8월의 크리스마스' 중반부쯤 시한부 인생을 사는 주인공이 마당에 있는 수돗가에서 무심히 쌀을 씻어 밥을 안치고, 된장국에 넣을 파를 다듬고, 비가 오는 어느 날엔 마루에 앉아 발톱을 깎고, 마당으로 떨어지는 빗방울 바라보는 무심한 시선을 한참 보여준다. 어느 날엔 친구들과 진탕 마시고는 "야~ 나 죽는다!" 주정 삼아 고백을 하고는 "마시고 죽자!" 친구들에게 어깃장을 놓는다. 웬 미친 소리냐며 타박하는 친구들을 끌고 비틀거리며 사진으로 추억을 남긴다. 그리고 다음 날엔가 사진사였던 주인공은 자신의 영정 사진을 스스로 찍는다. 수도꼭지가 있는 마당, 비 오는 하늘, 작은 화단, 손톱 발톱을 다듬는 자잘한 일상을 다시 돌려보기를 할 때마다 숨이 멎곤 한다.

　스물아홉의 내가 딱 그랬다. 서른이 되기 전에 하고 싶은 것 모두 해보고 서른이 되면 여한을 남기지 말자고. 그날에 나도 그 주인공처럼 친구와 진탕 마셨다. 그래 봤자 얼마 마시지 않았지만 독주를 마셔서 친구가 걱정되었는지 다음 날 아침에 찾아왔다. 멀쩡하니 걱정말라며 돌려보내고 잠시 누웠는데 갑자기 숨이 막히고 목으로 송편만 한 핏덩이를 토했다. 게다가 목소리가 나오지 않아서 더 놀랐다. 어찌어찌 친구에게 연락이 닿았고 응급실로 실려 갔다. 응급실에 도착해서 그 와중에도 병명을 써서 보여주고 정신을 붙들고 검사를 받았다. 다음 날 아침에 병실로 올라가니 내과, 이비인후과 인턴들이 다녀가고 뜻밖으로 피부과에서 수련의가 올라와서는 병명을 확인했다. 오전 회진시간에 피부과에서 회진을 왔고, "아무래도 2차 발병(점막 침범)에 의한 식도 협착인 것 같으니 피부과 진료도 함께 하고 일단 식도 내시경을 찍어 보자"고 하였다. 놀란 가슴이 진정 되기도 전에 2차 발병이라니 당황스러웠다.

마취 없이 내시경을 찍느라 온몸이 떨렸다. 내시경을 보던 의사가 상태가 너무 심각하다며 보호자가 확인하라고 해서 엄마와 함께 식도를 보았다. 독극물을 마신 것처럼 전체가 헐었다고 했다. 물도 마시면 안 되는 금식과 항생제 처방이 내려졌고, 3주간 경과를 보자고 했다. 회복이 되지 않으면 식도 확장술을 하거나 회복된다 하더라도 유동식 정도 먹을 수 있을 것이라는 비관적인 소견이었다.

병실로 돌아와 성경책을 쓰레기통에 버리고 일 년이 넘도록 교회도 가지 않았으면서 하나님께 살려달라고 기도했다. 고통스럽게 2주를 보내면서 기도가 닿았는지 다행히 조금씩 회복되는 기미가 보였다. 아물었을 리 없다는 주치의를 졸라서 2주 만에 다시 내시경을 찍었다. 식도는 기적처럼 새 살이 돋아 있었다. 내시경을 보던 의사가 식도 내시경만 28년 동안 봤는데 이런 기적은 처음이라며 잘 관리하라고 했다.

보름 만에 회복되어 퇴원하고 외래로 피부과 진료를 받으면서 '이 병이 이렇게 무서운데 그렇다고 죽지도 않는다면 남은 평생은 죽지 않을 만큼 아프겠다'는 생각이 들었다. 다음 진료를 예약하고 병원을 나오며 올려다본 하늘은 어쩜 그리도 푸르고 맑고 맑아서 예쁜지! 병원에서 한 시간여 걸어서 자취방으로 오는 동안 '어떻게 하지?'라는 생각 뿐이었다. 그 생각의 언저리에 죽지도 않고 아플 거면 이 병을 알아야겠다는 생각을 붙들었다. 그 이유는 몇 년 전부터 음식을 삼키기가 힘들고 어떨 땐 마치 생채기가 생긴 듯 쓰라리곤 했다. 하지만 식도는 통점이 없고 그만큼 회복이 잘되기 때문에 좀 부대끼더라도 하루쯤 굶거나 죽을 먹거나 하면 괜찮아지곤 해서 대수롭지 않게 생각했다. 그렇게 두어 해를 식도가 자극을 받아 약해져 있다가 전날 마신 독주로 화상을 입은 것처럼 협착이 일어난 것이다.

이 병이 식도나 위장, 폐 같은 내부 장기에도 발생한다는 것을 알았더라면 이렇게 고생하지 않았을 수 있었다. 그날부터 나는 내 몸을 더 잘 살폈다. 식도가 부대끼는 느낌이 조금이라도 있으면 곧바로 병원으로 갔고, 몸에 무리라는 신호가 어떤 것들인지 유심히 살폈다. 의사들도 잘 모르는 병이니 적어도 내 몸을 스스로 잘 알고 설명할 수 있어야 고통을 줄일 수 있겠다고 생각했다.

이후로 병원 다니며 잘 관리하고 있다고 여겼다. 다행인지 더 심해지지도, 더 나아지지도 않은 채로 사오 년을 지났다. 그러다 일하면서 대학원에서 석사과정을 공부하는 동안 무리가 와서 완전히 망가졌다. 턱 밑에서부터 명치까지 상처가 번지더니 2년여를 지나도록 어떤 치료에도 상처가 아물지 않고, 상처는 온몸으로 퍼져 너무나 고통스러웠다. 아침에 눈을 뜨고 이부자리에서 몸을 추슬러 일어나는 데 한 시간이 넘게 걸렸다. 통증이 너무 심하니 몰핀 진통제가 간절했다. 하지만 그 후를 어찌 감당하나 싶어 죽을 힘을 다해 참았다. 매일 아침 이부자리가 피와 땀으로 범벅이 되어 몸을 일으킬 수가 없었다. 그렇게 서른여섯 여름에 나는 절망했다.

 피부 허약

어렸을 때 꺼벙이 만화를 보다가 꺼벙이가 머리를 긁적이거나 모기에 물린 자국을 긁을 때 '벅벅…'이란 말풍선이 도무지 이해가 되지 않았다. 마흔이 넘어 치료를 통해 피부가 단단해지고서야 가려워서 긁으면 벅벅 소리가 난다는 걸 알았다. 내 피부는 너무나 허약하여 살짝이라도 긁으면 벗겨져서 피가 났다.

수포성표피박리증 이영양성의 경우 병변이 진피에까지 침투하는데 병변이 점막을 침범하고부터는 진피가 심하게 손상되니 피부가 걷잡을 수 없이 무너져 상처가 몇 년씩 아물지 않고, 뼈가 드러날 정도로 궤양이 심해진다. 진피의 손상이 커질수록 근육과 관절은 굳어지고, 추위나 더위, 비, 바람, 냄새 같은 물리적 환경에 몹시 약하다.

출근하면서 손등을 보니 3주 전에 긁힌 상처가 거의 아물어간다. 오랜만에 뵙는 지인이 반갑다며 손을 잡고 놓다 손톱에 살짝 긁혔다. 상처가 커지더니 아무는 데 한 달이 걸렸다. 상처를 보면서 마음 한편 씁쓸함은 어쩔 수가 없다.

수포성표피박리증의 가장 대표적인 표현이 '사소한 자극에도 수포가 발생한다.'이다. 그 사소한 자극이란, 정말이지 사소하고도 사소하고 사소한 것이다. 그 사소함 때문에 항상 긴장하고, 움츠러들 수밖에 없는 것을 어찌 말로 다 할 수 있을까? 지금 그 사소함을 이기고 있다는 것이 가끔은 신기루처럼 사라지지 않을까 믿기지 않기도 하고, 꿈이라면 깨지 말기를 바라기도 한다. 어쨌든 넘어지고, 엎어지면서 쉬지 않고 여기까지 왔다.

며칠 전 무릎을 호되게 부딪쳐 '이크! 두어 달은 아프겠군.' 했다. 모임 중이라 살펴볼 수 없어 수포가 생겼거니 하고 넘겼다. 집에 와서 보니 오 백 원 동전 두 개 크기의 혹이 생겼다. 혹이 가라앉으면서 수포가 되면 무릎이라 성가시겠다 여겼다. 그런데 다음 날, 혹이 가라앉고 멀쩡하다. 살이 터지지 않고 혹이 생긴 것이 신기하고 너무 놀라서 어안이 벙벙했다.

이제 무릎 위로는 어지간한 자극도 견딜 만큼 피부가 강해졌나 보다. 사 오 년 전부터는 물리적 자극 없이 저절로 수포가 생기는 경우는 거의 없을 정도로 회복되었지만, 이번처럼 호된 자극에도 멀쩡하다니 경이롭다. 게다가 작년까지만 해도 맨발로 다닌다는 것은 상상도 할 수 없었다. 맨발에 슬리퍼를 신는 게 늘 부러웠다. 올해(2015년)부터는 맨발에 운동화도 신고 구두를 신고도 마음대로 다니고 있다. 아! 이대로 쭉~~~~~

가려움

성경을 읽다가 온몸에 악창이 생긴 욥이 기왓장으로 긁고 있는 장면에서 가슴이 먹먹하여 책장을 넘길 수가 없었다. 가려움은 피가 나고 살점이 떨어져 나가 뼈가 보일 정도로 긁어도 가렵다. 그래서 욥이 기왓장으로 긁고 있는 게다. 욥에게서 책장을 넘길 수 없었던 이유는 '나와 같은 사람이 있구나'하는 마음과 그 고통이 고스란히 전해져서 더 읽을 수가 없었다. 세상 서럽고 야속한 말이 "긁지 말고 참아!"이다. 누구보다 참고 싶은 사람은 바로 '나'다. 가려움은 참을 수 있는 것이 아니다. 통증보다 더 견디기 힘든 것이 가려움이다. 열 손가락이 피로 물들고 살이 파이도록 긁어도, 밤새 긁어서 피와 진물로 몸이 이부자리에 엉겨 붙어도 멈출 수 없는 것이 가려움이다. 상처가 생기면 아프고 가렵다. 상처가 아물만하면 새살이 돋아나며 또 가렵고, 긁으면 상처가 덧나는 악순환을 반복한다. 매일 아침 마주하는 참혹한 모습은 밤사이 가려움의 결과이다.

수포

 태어나서 사흘쯤 되던 날 처음 발견하였다는 수포는 머리에서 발끝까지 어디든 생긴다. 아무런 자극이 없이도, 부딪치거나 살짝 스치거나 긁어도 생긴다. 움직이면 생기니 가만히 누워 있어도 보고 엄마가 긁지 말라고 밤새 뜬 눈으로 지켜도 긁어서 엉망이고 어느 사이엔가 여기저기 저절로 생겨나니 수포는 속수무책이다.
 동전만 하던 수포가 밤새 손바닥만큼 커지거나 까져서 벌겋게 달아오르거나 농이 생기면 통증이 이만저만이 아니다. 수포는 저절로 아물지를 않아서 주사기나 바늘로 찔러서 뽑아내야 하는데 수포가 한두 개가 아니라 온몸에 퍼져 있으니 이 과정이 공포이다. 맑은 수포는 그나마 견딜만하지만 피 수포나 농이 생긴 수포는 도무지 익숙해지지 않는 고통이다. 더 큰 고통은 매일 매일, 끝이 없다는 것이다.

  2006년 여름, 지금의 주치의 선생님과 치료를 시작하면서 가장 놀라운 것이 가려움이 줄어들고 상처가 아물고 사소한 자극에도 수포가 안 생기는 것이었다. 그해 가을 무렵 예전 같으면 엄두도 잘 내지 못하던 화장실 청소를 하거나 빨래를 하고 수세미로 후라이팬까지 닦았는데 손이 멀쩡하였다. 뽀송뽀송하니 멀쩡한 내 손이 신기하기까지 했다. 이후로 손, 발가락 끝에는 수포가 생기지 않았다.

손발톱의 탈락과 손발 기형

  여고 시절 어느 날 아침, 일어나려는데 왼팔이 이부자리에서 떨어지질 않았다. 밤새 얼마나 긁었는지 피가 엉겨 이부자리와 붙어버렸다. 손이 온통 피투성인 채로 깨는 날이 다반사지만 그날 아침엔 잠시 넋을 잃었다. 불현듯 '손톱이 없어서 참 다행이야. 하나님 고마워요.'란 말이 절로 나왔다. '손톱이 없는 뭉툭한 손으로 긁어도 이 지경인데…'하는 생각과 함께 하나님께서 나에게 불리한 조건만 주신 건 아니라는 걸 처음 깨달았다. 그날 이후 손톱이 없는 뭉툭하고 상처가 잘 날 없는 내 손이 아무렇지도 않았다.

돌 무렵 손발톱이 모두 빠지고 항상 주먹을 쥐고 있었다고 한다. 손이 위축되면서 주먹을 쥐게 되고 항상 주먹을 쥐거나 오그리고 있으니 손가락이 제대로 자라지 않아 제 기능을 하지 못한다. 손가락을 오므리거나 잘 펴지를 못하고 손톱과 지문이 없으니 연필을 쥐고 글쓰기가 제일 힘들었다. 힘을 주어 제대로 연필을 잡기도 힘들고 지문이 없으니 미끄러워 글을 좀 쓰고 나면 어깨까지 아픈데 글씨는 엉망이라 속이 상하였다. 하지만 "글 좀 예쁘게 써!"라는 말에 글쓰기가 얼마나 힘든지 설명을 할 수가 없어 서러웠다.

손의 기형은 손가락 사이 피부막 융합과 위축으로 생겨난다. 손바닥에서 손가락으로 갈라지는 부분이 붙어서 오리발처럼 되고 피부 위축으로 지문이 사라지고 손가락이 펴지지 않아 제 기능을 하지 못한다. 나이가 들수록 손가락이 더 굽어 컵도 제대로 잡을 수 없을 정도가 되었다. 병명을 알고 나서는 더 심해질 수 있다는 것을 알았다.

양손이 엄지와 검지만 기능을 하고 다른 손가락은 변형이 계속 진행되었다. 오른손이 더 심하여 두 번의 피부 이식을 하였다. 처음엔 잘 몰라서 성형외과에서 손가락을 펴는 수술을 하였다. 재건성형으로 손가락이 펴지기는 하였으나 기능이 돌아오지는 않았다. 두 번째는 손 수술 전문 정형외과에서 손바닥과 손가락 분리 수술을 하여 그나마 손을 좀 더 펼 수 있었으나 그 이상으로 기능은 회복되지 않았다. 하지만 수술 후 참을 수 없는 통증과 항생제 부작용, 마취 후유증을 이겨내기가 너무 힘들었다. 피부 이식의 효과는 그 고통과 심리적 부담에도 불구하고 채 6개월도 유지되지 않았다. 다시 변형이 오고 손은 더 오그라들었다.

손가락의 기능은 치료를 시작하여 점막이 회복되면서 손가락 사이 피부막의 융합이 사라지고, 손바닥에 띠를 이루고 있던 비립종이 사라지면서 손바닥도 펴지고 손가락을 다 쓸 수 있게 되었다. 손의 회복은 수술 하지 않은 왼손이 더 회복이 좋았다. 두 번 수술을 한 오른손은, 회복이 더디고 수술하지 않은 검지와 약지 사이 피부막이 벌어졌다. 왼손은 손바닥이 완전히 펴지고 굽었던 손가락도 가운데 마디는 완전히 펴져서 피아노 한 옥타브를 한 손으로 짚을 수가 있다. 특히 물샐 틈 없이 붙어 있던 발가락이 벌어지면서 발을 넓게 내디딜 수 있으니 걸을 때나 서 있을 때 중심을 잡을 수 있어 잘 넘어지지 않게 되었다.

통증

    교차로에서 신호를 기다리다, 맨발에 스니커즈를 신고 치마를 살랑이며 건너는 여자아이의 종아리를 처연한 마음으로 보고 있었다. 신호가 바뀐 줄도 모르고 있다 뒤에서 빵빵거려 서둘러 핸들을 잡았다. 눈물이 흘렀다. 출근준비를 하면서 진통제를 챙길까 말까 한 시간여 고민하다 챙겨나오는 길이었다.
    주말부터 또 몸이 부대끼더니 온몸이 아프다. 며칠 전 종아리가 퉁퉁 붓고, 팔다리가 천 근 같더니 그예 염증반응으로 어깨까지 뻣뻣하

치료 시작하다

고 통증을 참으려 애쓰다 보니 두통까지 생겼다. 수포성표피박리증은 수포, 가려움, 통증 같은 주 증상 외에 유형이나 개인에 따라 동반되는 증상이나 정도가 다른 양상을 보인다. 나의 경우 가장 괴로운 것이 '통증'이다. 나의 첫 기억에서부터 통증이 있다.

통증은 피가 아래로 쏠려서, 피부가 벗겨져서, 수포가 단단하거나, 터지거나 곪아서, 피부가 위축되거나 관절구축 등 여러 이유로 그 정도와 양상이 다르다. 항상 상처가 있으니 서 있거나, 의자에 앉아 있으면 피가 아래로 쏠려 어김없이 통증이 몰려온다. 그러니 버스를 타고 학교를 오고 가는 길, 교실에 앉아 있는 게 얼마나 힘들었는지 모른다. 지금도 그 시절의 나를 생각만 해도 머리가 아프다. 숨 쉴 때마다 핏줄이 터지는 듯 아파서 숨을 모아 쉬기도 했다. 모은 숨을 뱉을 때면 눈이 질끈 감기고 식은땀이 흐른다. 그나마 누워서 다리를 올리고 있거나 바닥에 앉으면 견딜만하여 이불을 말아 다리를 올려 누워 있곤 했다. 할 수만 있으면 앉거나 누워 있는 것이 그나마 편하다. 그러다 참다 참다 화장실을 가려 일어서려면 마음의 준비를 해야 한다. 통증이 머리 끝에서 발끝까지 흐르기 때문이다. 어쩌면 세상에서 가장 먼 길은 화장실 가는 길인지도 모르겠다.

수포가 터지거나 피부가 쓸려 아픈 통증도 이루 말할 수 없이 아프다. 살짝 까지거나 멍이 들 정도의 자극에 피부가 훌렁 벗겨지거나 부풀어서 손보다 더 큰 수포가 되고 쓰리고 따가운 데다 가렵기까지 하다. 그럴 땐 진저리가 난다. 너무 아파서 죽겠는데 피범벅이 되도록 긁어도 진정이 되지 않는 가려움과 통증. 머피의 법칙처럼 이런 상처는 드레싱을 하고 조심을 하여도 더 잘 부딪치고 그 고통은 생살에 소금을 뿌리는 듯, 데인 듯 비명이 절로 나온다. 상처가 없는 부위 인데도 온몸이 열에 들떠서 불덩이인데 땀 한 방울 흐르지 않고 바들바들 떨릴 정도로 아플 때가 제일 고통스럽다. 지금에야 피부의 진피가 무너져 생기는 통증이라 이해라도 되어 공포가 덜하긴 해도 여전히 무섭고 견디기가 힘들다.

통증은 치료 중에 새로운 약이나 치료를 시도할 때도 어김없이 동반되었다. 자가면역질환은 부작용과 싸움이라 할 수 있기에 치료 중에도 어김없이 통증이 수반된다. 살과 뼈를 망치로 툭툭 건드리는 듯, 대못을 톡톡 박는 듯, 온몸 세포 하나하나가 바늘이 되어 뚫고 나오는 것같이 아프기도 하고 통증은 참으로 다양하다. 통증은 표피보다는 진피의 상태가 관건이라 치료를 시작한 지 십수 년이 지난 지금까지도 점막이 약한 부위는 여전히 통증으로 견디기 힘들 때가 있다.

세월을 이기는 장사 없다고 치료를 쉬지 않은 덕분에 요즘은 진통제 없이 지내고 있다. 점막이 회복되면서 통증의 정도가 훨 줄었으나 진통제로 통증이 완전히 없어지지는 않는다. 그나마 진통제를 먹으면 견딜만하여 힘들면 진통제를 먹는다. 일주일에 서너 번 내지는 심할 때는 하루에 두 번도 진통제를 먹어야 하기도 했다. 그런데 올해 여름부터 진통제를 하루도 먹지 않고 잘 지내고 있으니 믿기지 않는다.

지난봄부터 다시 복용하는 약이 예전처럼 효과가 드러나질 않아 걱정이었는데 다행히 6월부터 약효를 내기 시작하였다. 그동안의 부작용을 치료하고 약 본래 효능을 발휘하는데 시간이 걸린 것이다. 이 약은 치료 초기 효과가 너무 좋아서 1년 정도 복용하다가 부작용으로 다른 약으로 바꾸었는데 점막 회복에 가장 효과적이었다. 그래서 못내 아쉬워서 부작용이 생겨서 약을 바꾸어야 할 때마다 다시 써보면 어떨까 하는 생각이 들곤 했다. 그렇다고 무슨 대단한 비방약이 아니다. 아주 평범한 보약이다.

점막이 회복되면서 상처가 더 잘 아물고 새살이 돋으니 가려움도 통증도 없다. 통증이 없으니 기운이 남는다. 새삼 통증을 견디는 게 에너지가 많이 쓰이는 일이란 걸 알겠다. 통증이 없으니 무엇이든 할 수가 있고 몸놀림도 자연스럽고 가벼워 좋다.

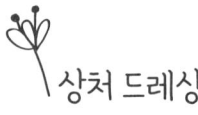

상처 드레싱

영화 보고 점심 먹자며 집 앞으로 데리러 온다는 친구 전화를 받았다. 후다닥 샤워하고 가볍게 화장도 하고 손지갑 들고 집을 나서는데 한 시간이 채 걸리지 않았다. 이제는 친구가 부르면 언제든 가볍게 나갈 수 있다.

시도 때도 없이 생겨나는 수포는 항상 아프고 가렵다. 상처가 생기는 대로 드레싱을 해야 하는 데, 상처가 심할 때는 데인 듯 아파서 피범벅이 된 상처 그대로 드레싱을 하기도 한다. 수포는 온몸 구석구석 어디에도 생긴다. 밥을 먹다가 순식간에 설소대 주변으로 수포가 후두둑 띠처럼 생긴다. 밥을 먹다가도 수포를 처치해야 한다. 잠깐 놔두면 좁쌀만 한 수포가 혀를 움직일 때마다 부풀어서 동전만 해지고 목구멍이 붓고 귀밑 임파선까지 부어 며칠 동안 제대로 먹지도 못하고 침을 삼키기도 힘들기 때문이다.

상처가 생길 때마다 할 수 있는 한 빨리 처치해야 하다 보니 바늘과 거즈, 밴드, 작은 가위를 늘 가지고 다녔다. 약속시간을 넉넉하게 맞추어 가다가도 버스 안에서 사람들과 부딪쳐서 상처가 터지거나 수포가 나기도 하여 화장실을 찾아 쩔쩔매다 보면 약속시간에 늦기 일쑤다. 지금이야 운전을 하니 차 안에서 처치할 수 있으나 그 시절엔 그냥 집에 돌아올 때까지 참아야 하기도 했다. 집으로 와 피와 진물이 엉겨 붙은 옷을 겨우 벗고 드레싱을 할 때면 딱 죽고 싶었다.

상처는 아물 때까지 피가 나고 진물이 흐르고 곪아서 농이 배어나기도 하여 샤워하면서 물에 불려 드레싱 한 것을 떼어내고 새로 갈아주어야 한다. 상처에 물이 닿으면 데인 데 소금을 뿌리는 듯, 샤워 물줄기가 가시가 되어 세포 하나하나에 박히는 듯 아프다. 통증으로 바들바들 떨면서 샤워를 하고 새로 드레싱을 하고 나면 여름이라도 추워서 온몸이 떨리고 기진하여 잠이 쏟아진다.

통증이 두려워 드레싱을 새로 하기 위해 마음먹는 데 두어 시간, 거즈를 물에 불려서 떼어내고 씻는 데 한 시간, 새로 드레싱을 하는 데 한 시간, 체력을 회복하는 데 두어 시간 그렇게 한나절을 보내고서야 옷을 갈아입고 다음 날을 준비할 수 있다.

자세가 펴지다

언제부터인가 사진을 잘 찍지 않았거니와 찍히지 않으려 카메라를 피해 다녔다. 그 이유는 고통을 견디느라 안간힘을 쓰는 것이 짜증 내는 것으로 보이고, 얼굴은 근육위축으로 무표정하고, 어깨가 구부정한 내 모습을 보기가 힘들었기 때문이다. 물론, 마음조차 그러할 때도 있지만, 다른 사람들에게는 무표정하고 짜증스러운 사람으로 보인다. 병변이 점막으로 침범하면서부터는 근육위축이 더 심해지기에 자세를 바르게 할 수가 없었고, 표정조차 마네킹 같았다. 그래서 다른 사람들 분위기조차 어색하게 할까 봐 늘 마음이 쓰였다.

그러다 십수 년 전 '제3세계 특수교육 지원단'으로 처음 네팔을 다녀온 보름 동안 활동 내내 전방위로 찍어대는 카메라를 피할 수도 없었고, 또 다른 이유는 내 모습을 보고 싶었다. 참 다행인 것이 사진을 보니 내가 웃고 있고, 또한 그 모습이 자연스러워서 얼마나 고마운지 모르겠다. 항상 아파서 웅크렸던 가슴이 펴지고, 늘 어깨가 결렸었는데 어느새 어깨 결림도 사라졌다. 무엇보다 피부의 위축으로 관절이 제대로 펴지지 않아 어정쩡하던 자세가 자연스럽다. 여전히 상처는 있지만 자유롭게 움직일 수 있어 얼마나 고맙고 다행인지!

자세가 펴지는 것은 피부 점막이 무너지지 않고 회복되고 있다는 의미이다. 점막이 회복되면서 표정이 살아나 데드마스크 증상이 사라지고 입술에도 주름이 조금씩 생기고 있다. 설소대도 길어져서 아이들 앞에서 기본모음 시범을 쉽게 할 수 있고, 20분 이상 말을 오래 하더라도 혀가 꼬이지도, 목소리가 갈라지지도 않고, 밥 먹기도 수월하다.

 ## 땀을 흘리다

　아침부터 햇빛 쨍쨍한 폭염은 연일 열대야로 이어진다. 어젯밤은 그나마 좀 시원하더니 오늘은 오후부터 다시 푹푹 찐다. 머리가 아플 정도로 더운데 올여름은 온몸에 땀이 흘러 견디기가 수월하다. 모공이 완전히 열렸는지 온통 땀범벅이다. 남들 앞에서 민망할 정도로 땀이 흐르니 신기하고도 얼마나 감사한 일인지.
　더워도 땀이 나지 않아 여름이면 열과 가려움으로 얼음을 손에 들고 다녔다. 오죽하고 중학교 때 별명이 '후라이팬'이었다. 얼굴이 벌겋게 달아 달걀이 익을 정도였다. 그 시절엔 얼굴에 흐르는 땀을 손수건으로 닦아내는 친구들을 부러워하며 물끄러미 쳐다보았다. 그때 꿈이 '손수건으로 땀 한번 닦아봤으면!'이었다. 그래서 샤워를 하려 옷을 벗을 때 땀 냄새가 어떤 것보다 고마운 일이다(2008.07.28.).

 ## 체온조절

　점막이 회복되고 모공이 열려 땀이 나면서 체온조절이 한결 수월해졌다. 이제는 조금 추워도 견딜 수 있고, 더위도 견딜만하다. 튀니지에서는 고온건조한 사막의 더위, 여름날 네팔의 후덥지근한 더위도 견뎌냈다.

여름이면 얼음을 손에 달고 살고 얼음물을 마셔도 체열이 가시지를 않고, 그러다가도 소나기라도 내리거나 하루 내내 비가 오는 장마철이면 추워서 양말을 신어야 한다. 겨울이면 양말을 두 겹, 세 겹으로 신고 실내화를 신어도 실내화 위로 냉기가 뿜어나오듯 시렸다. 그래서 학교에서 발이 꽁꽁 얼었고 학교에서 돌아와서는 이불을 덮고 엄마가 한참을 품고 있으면 그제야 겨우 언 발이 풀렸다. 피부가 1차 방어 기능을 하지 못하니 1도만 올라가도 너무 덥고, 1도만 내려가도 너무 추웠다.

지문이 드러나다

수포성표피박리증이 영양성 이상의 유형에서 가장 두드러지게 나타나는 양상은 수포와 손발톱이 빠지는 것이다. 수포와 상처가 반복되면서 손발톱이 빠지고, 피부가 오그라들어 지문도 없어진다. 그래서 소근육 운동이나 미세한 작업을 하기가 어렵다. 게다가 손 발가락 사이의 피부막이 붙어버리기 때문에 여간 만 힘든 게 아니다. 이로 인한 일상생활에서 소소한 장애를 이루 다 말로 할 수가 없을 정도이다.

2006년 여름부터 상처 회복속도가 빨라지고, 저절로 생겨나는 수포가 줄어들고, 비립종이 없어지면서 어느 사이엔가 지문이 드러나기 시작했다. 얼룩진 안경을 닦으려 하다 가슴이 먹먹했다. 안경에 너무 선명하게 지문이 남아 있었다.

　점막이 회복되어 피부 위축이 사라지면서 놀랍게도 지문이 손 발가락 모두 나타나기 시작하였다. 기대와 달리 손은 엄지손가락에만 조금 지문이 생기다 멈추어서 안 되나 보다 했다. 놀랍게도 요즘 다시 왼손 중지와 약지에 지문이 드러나고 있다. 발은 발바닥 전체에 지문이 드러나면서 잘 미끄러지지도 않고, 무엇보다 발바닥 아치가 생겨서 하이힐도 신을 수 있다. 손가락은 지문이 나타나다 멈추어 아쉽지만 조금 생긴 지문 형태만으로도 스크린 터치가 자유롭고, 얇은 종이도, 바늘도 집을 수 있다. 지문이 있고 없고의 차이는 실로 하늘과 땅 차이다.

　에피소드 하나. 손발톱은 돌 무렵 빠져버렸고, 손끝이 왜 맨들거리는지 이유를 모르고 살다가 열 두어 살 때 지문이 없어서 그렇다는 걸 알았다. 어느 날 학교에서 짝에게 "내는 지문이 없다!" 내 짝이 하는 말 "오~잉? 우리 오늘 밤에 은행 털러 가자? 니는 문 열고, 나는 금고 들고 뛰고~" 그 말을 듣고 있던 다른 짝이 하는 말 "울 아버지한테 일러 준다 이~" 그 친구는 경찰서 강력계 반장의 아들이었다. 그래서 어쩌면 최연소 은행털이가 될 뻔했던 우리의 범행은 모의 초기에 무산되었다. 그때 모의를 했던 친구는 국어 선생이 되었고, 강력계 반장 아들은 인테리어 공장 사장이 되었다(2008.01.25.).

생선구이와 레모네이드

엄마와 생선구이로 점심을 먹었다. 엄마는 언제나처럼 생선 가시를 발라 밥에 얹어 주신다. 입가심으로 레몬 청에 얼음 넣어 마시고 나니 배도 부르고 레몬 덕분에 피로가 가시는 듯하다.

수포성표피박리증 환자들은 치아와 잇몸이 부실하고 근육위축으로 입을 벌리기도 어렵고 설소대까지 짧아 음식을 제대로 씹어 삼키기가 고통이다. 점막이 약하여 혀와 입천장뿐 아니라 입안 어디에나 수포가 반복되어 늘 헐어 있는 데다 걸핏하면 식도에 걸려서 삼키는 것도 고통이다.

고기는 질겨서, 식은 밥을 먹다 밥알에 긁히기도 하고 채소를 먹다가 긁히기도 하고 채소 잎이 입안 여기저기 붙어서 삼키기 어렵고, 어떨 땐 밥알조차 식도에 걸려서 잘 넘어가질 않는다. 설소대가 너무 짧으니 알갱이가 작은 음식은 그냥 넘어가다 식도에 걸려서 캑캑거리기도 한다. 씹는 게 힘들면 삼키기라도 수월하면 오죽하랴만 식도협착으로 잘 삼킬 수도 없다. 점막이 약하니 맵고 짠 맛, 시고 떫은 맛에 훨씬 민감하다.

허약하여 걸핏하면 영양실조에 악성 빈혈을 달고 사는데 음식을 씹기도, 삼키기도 어렵고 소화조차 쉽지가 않으니 도대체 어쩌란 말인가? 이러다 보니 밥 한 끼 먹기가 여간 고통이 아니다.

우리 식구들 모두 생선을 좋아하여 밥상엔 항상 생선이 올라온다. 워낙 생선을 좋아하기도 하고 그나마 생선은 가시만 없으면 힘들지 않게 먹을 수 있다. 그래서 울 엄니는 항상 옆에서 가시 하나 없이 뼈를 발라 없어 주신다. 매운 걸 못 먹으니 나는 맑은 탕이나 생선 미역국을 자주 끓여 주셨다.

며칠을 앓기라도 하거나 기운이 없어 보이면 울 엄니는 새벽 장에서 생선을 사다가 미역국을 끓여 녹두죽과 함께 상을 차려 주시거나 조기를 사다가 죽을 끓여 주셨다. 그렇게 한 상을 먹고 기운을 차리곤 했다.

우리 식구들이 신걸 별로 좋아하지 않아 나도 싫어하는 줄 알았다. 오렌지나 귤도 조금만 시면 진저리를 쳤다. 몇 년 전 사촌 동생이 레몬 청을 재워주어 받아왔지만 저걸 어떡하나 했다. 그런데 그게 맛있지 않은가? 그동안 신맛이 싫어서가 아니라 점막이 약하여 먹을 수가 없었던 게다. 이제 틈이 나면 레몬을 사다가 청으로 재워놓는다. 커피 말고 다른 게 마시고 싶을 때 레모네이드로 마시면 기분이 끝내준다.

치료를 시작하고 6개월 정도 지난 즈음이 추석이었는데 송편을 한입 가득 베어 물고 삼킬 수 있어 너무 놀라웠다. 주치의 선생님과 이야기를 하다 송편을 두 번 만에 하나를 먹었다고 하니 깜짝 놀라셨다. 점막이 회복되고 있다는 거라며 좋아하셨다.

점막이 회복되면서 이제는 입안에 수포가 생기지도 않고 고기도, 생선도, 채소도 편하게 먹을 수 있다. 설소대 위축도 풀려서 혀끝을 모을 수도, 입술을 핥을 수도, 아래턱까지 내밀 수도 있어 회를 먹거나 고기를 먹을 때 쌈으로 먹어도 괜찮다. 이제는 많이 맵지만 않으면 웬만큼 다른 사람들과 속도를 맞추어 먹을 수 있으니 이야기 나누며 밥 먹는 게 즐겁다.

아침 만들기

나를 남 보듯 하며 며칠 지나다 보면 그제야 눈물로 씻어버릴 힘이 생기겠지?
한 달 동안 치료과정을, 늘상 그랬던 것처럼,
사진으로 기록하고, 그 사진 속 나를 보았다.
그랬구나? 나를 그렇게 적나라하게 바라보는 게 그리 힘들었던 게야?

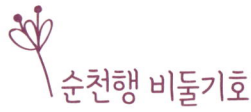
순천행 비둘기호

　사람다워지고 있는 나를 보면, 예전의 내 모습이 더 뚜렷해지면서 가슴이 아리다. 마음속 깊은 여울이 터지듯 그렇게 '어떤 기억'이 흐르기 때문이다. 해 뜨기 전 깊은 어둠, '새벽 기차' 그리고 역에서 내려 병원까지 걸어가던 신작로에 대한 기억이다. 나에게 새벽은 춥고, 어둡고, 낯선 사람들이다.

　일주일에 한 번 병원 가는 화요일이면 엄마는 꼭두새벽에 일어나 빨래해서 널고 아침 밥상을 차려놓고 눈도 제대로 뜨지 못하고 칭얼거리는 딸을 토닥이며 집을 나선다. 병원 가는 날 새벽은, 한여름에도 서늘하던 그 새벽은, 긴 겨울을 지나는 초봄 무렵에도 깜깜하고 무지 추웠다. 그 새벽마다 기차를 타러 캄캄한 길을 종종걸음으로 엄마를 따라 걷던 사람 여자아이는 다들 잠자고 있는 게 부러웠다.

　진주에서 순천 가는 비둘기호 새벽 기차는 여름에도 추웠고 겨울엔 이가 딱딱거릴 만큼 추웠다. 어쩌면 그 정도는 아닐지도 모르지만, 기억엔 그렇게 추웠다. 추워서 엄마 품속을 파고들다 잠이 들고 하동을 지나 순천이 가까워 지면 해가 떠오르면서 몸이 녹았다. 혼곤한 잠 속에서 장터에 돈 사러 가는 아줌마들의 왁자한 소리에 잠을 깨면, "인자 안 춥제? 더 자!"라며 엄마도 졸면서 등을 토닥여주셨다. 그 시절 꼬맹이 여자아이는 토닥거려주시는 엄마 손이 좋았고, '다들 잠자는 이 새벽에 나는 왜 기차를 타고 가야 하지?' 그런 생각을 했었다.

　순천에서 내려 여수행으로 갈아타고 신풍역에서 내리면 엄마는 날 업고 가다 내려놓고는 천천히 오라며 접수를 위해 잰걸음으로 먼저 가시고 난 그 뒤를 종종거리며 걸었다. 아무도 없는 이른 아침 신작로 길은 누가 뒤에서 잡아당기지나 않을까 무서운데 아무리 걸어도 끝이 보이질 않았다. 앞만 보고 가다 보면 접수를 마친 엄마가 날 데리러 오고 계셨다. 애양원을 찾는 환자들은 워낙 많았고 돌아가는 기차 시간을 맞추려면 그럴 수밖에 없었다. 병원 가
는 신작로는 여름엔 햇빛이 그대로 쨍쨍거리고 매미 우는 소리에 혼이 빠질 지경이었다. 겨울엔 된바람을 그대로 맞으며 가야 했다. 가끔 지나가는 택시가 일으키는 흙먼지를 뒤집어쓰곤 했다.

그렇게 서둘러서야 간당간당 오전에 진료를 받고, 기차 시간에 맞추어 걸어오다 언덕에 앉아 가지고 간 도시락을 꺼내 먹으면서 나풀거리는 나비도 보고, 예쁘고 작은 풀꽃을 찾으며 병원 냄새를 잊었다. 그러면서도 "엄마! 우리도 식당에서 밥 먹자"며 철없는 소릴 하곤 했던 기억이 생생하다.

돌아오는 기차에서는 의자에 누워 파란 하늘과 하얀 구름을 보는 게 즐거웠다. 그리고 어쩌다, 아주 가끔 엄마가 사 주신 쵸콜릿은 참 달콤했다. 기차역에서는 늘 같은 사람들이 타고 내렸다. 장이 서는 역에서는 아줌마들이 장에 내갈 물건들을 올리고 내리느라 수선스러웠다. 덕분에 나는 순천 가는 길 역마다 장이 서는 날, 시절마다 무엇을 팔러 가는지, 어떤 아줌마가 무슨 물건을 해 오는지 보는 게 재밌었다.

　꼬박 기차만 대여섯 시간을 타고 병원을 다녀오면 난 녹초가 되어 자리에 눕고, 아픈 딸 데리고 병원 다녀왔는데도 "밥때 밥도 안 차려 주냐?"며 할머닌 심통을 부리셨고, 신발을 벗자마자 엄만 부엌에서 밥상을 차리고, 설거지하고, 빨래 걷어 개키고, 할머니 방 걸레질해서 이부자리 깔아 놓고 나서야 그 긴 하루가 끝났다. 그렇게 엄마는 항상 종종걸음을 쳐야 했고, 그래서 다들 잠자는 새벽에 떠지지 않는 눈을 억지로 부비며 어두운 새벽을 열고 병원을 가던 그 여자아이는 투정도 못 부렸다. 이젠 그 여자아이를 보내려고 하니 다시 그리워질 것 같다. 아픈 가슴이 아니라 웃으며 보낼 수 있는 그 여자아이가 예뻐서이다.

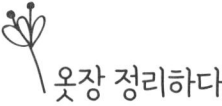

옷장 정리하다

　3월 초에 이사를 하고서 5월이 중순이 넘도록 하 수상한 봄날을 핑계로 옷장 정리를 미뤄뒀다. 차츰 더워지는 날씨에 오늘은 작정하고 옷 정리를 시작했다. 겨울옷과 봄옷을 빨래해서 개켜 넣고 20년 넘게 입어 나이에 맞지 않는 낡은 옷은 버리고 입을 만한 것은 깨끗이 손질해서 기부함에 넣었다. 여름옷을 꺼내다 마땅한 게 없어 백화점에서 원피스와 블라우스, 바지 서너 벌과 샌들도 샀다. 얇은 아사 면으로 된 핀턱 주름을 잡아 풍성한 하늘색 원피스와 넉넉한 품에 잔주름을 잡은

퍼플 린넨 원피스, 흰 바탕에 자잘한 빨간 들꽃 무늬 블라우스.

계절이 지날 때마다 한 번도 입지 못하고 옷을 다시 개켜 넣던 그 마음 사이로 잠시 서늘한 바람이 지나가곤 했다. 지난 봄날, 올여름엔 입을 수 있을 것 같아 옷을 사 오며 설레던 발걸음, 짧은 소매 원피스와 하늘거리는 치마를 그대로 개어 넣던 가을날, 아이보리색에 빨간 체리가 예쁜 니트스웨트를 옷걸이에 걸어만 놓고 보내던 겨울을 수없이 지났다. 하늘거리는 치마를 사던 날, 그 치마처럼 하늘거리던 마음 다시 개어 넣는 착잡했던 마음을 이제는 담담히 이야기할 수 있다.

아침

아침에 눈을 뜨면 온 의지를 드려 '하나님 아버지! 새날을 주셔서 감사합니다. 오늘 하루도 주님 의지하여 잘 감당할 수 있도록 도와주세요.'라고 기도를 드린다. 짧은 기도를 드린 후 자세를 먼저 살핀다. 잔뜩 웅크린 채면 밤새 전쟁이 심했던 것이고, 바르게 누운 자세라면 그 밤은 별 전쟁 없이 편했다는 것이다. 그리고 누운 채로 머리에서부터 발끝까지 몸을 살핀다. 새로 상처가 생겼는지? 몇 개인지 세어보고, 혹 수포가 생겼는지, 수포는 어떤 상태인지 만져보고, 긁어서 까진 것은 없는지, 피는 얼마나 흘렸는지, 손가락에 피가 얼마나 묻었는지, 진물은 얼마나 배어 나왔는지, 잠옷은 잘 벗을 수 있을지 그렇게 피부를 살피고는 움직여본다. 통증은 진통제를 먹을지 한동안 고민을 한다. 진통제는 집에서는 최대한 참고 외출 시간에 맞추어 복용한다. 팔다리가 잘 움직여지는지, 뭉친 곳은 없는지, 잠옷을 쉽게 벗을 수 있고 상처를 셀 수 있을 정도 이거나 기지개가 잘 펴지면 하나님께 "베리베리 감사!"가 나오고, 눈을 떴을 때 웅크리고 있거나 예상치 않게 상처가 커졌거나 팔다리가 잘 움직여지지 않을 때는 감사기도를 물리고 싶어진다.

그 날 일정에 따라 아침 풍경이 정해진다. 제일 먼저 약을 먹고 외출이 없거나 나갈 일이 오후 시간이면 다시 침대로 가서 책을 읽으며 두어 시간을 빈둥거린다. 책을 읽다 잠이 들기도 하며 여유롭게 하루를 시작할 수 있으면 밤늦게 하루를 마쳐도 별로 피곤하지 않지만, 아침부터 서둘러 하루를 시작하면 일찍 집으로 돌아와도 아주 피곤하다. 집 밖으로 나가는 것은 내가 통제할 수 없는 자극에 고스란히 노출되기 때문에 빈둥거리면서 에너지를 모은다.

빈둥거리며 몸을 풀고 힘을 모아 일어나 샤워를 하고 외출 준비를 한다. 외출 준비는 꼼꼼히 화장하고 '이 옷을 입을까? 저 옷이 더 멋있겠지? 가방은? 구두는?'이 아니다. 그 날 피부 상태나 컨디션에 따라 입을 수 있는 옷, 신발을 맞춰야 한다. 어느 날은 그나마 선택의 여지가 있으면 감사하고 외출 시간이 길거나 컨디션이 영 엉망일 때는 선택의 여지가 없다. 가장 편한 신발과 헐렁한 옷 밖에는.

하루 일정은 대부분 상담이거나 교수님과 미팅, 연구소 일 등 여유로운 일이지만 집 밖 공간은 어디든 스스로 통제할 수 없는 경우가 대부분이어서 모든 감각은 예민해진다. 어느 순간 아주 사소한 자극에도 상처가 생기고 상황에 따라서는 상처 처치도 할 수 없거나 아무렇지 않은 듯 일을 계속해야 하기 때문이다. 그렇게 하루 일을 마치고 집으로 오면 기운이 좀 남은 날은 세수하고 책을 읽거나, 글을 쓰거나, 뜨개질을 하곤 한다. 지친 날엔 침대에 누워 끙끙거리다 진통제를 먹고도 잠을 설친다. 잠을 설치다 보면 내일 아침 눈뜨는 것이 무서워진다. 그런 날엔 '내일 아침 편히 눈 뜨게 해 주세요.'라고만 기도한다.

새 살이 돋고, 어지간한 자극에도 피부가 견뎌내고 상처가 생기지 않을 정도로 몸이 나아지면서 가장 큰 변화가 하루의 풍경이다. 아침 감사기도가 길어지고, 외출을 준비하면서 이 옷, 저 옷을 꺼내 볼 수 있고, 가볍게 화장도 하고, 오전에 약속이 있어도 괜찮고, 오후 시간이면 더 감사하고, 버스에 시달려도, 사람이 많은 곳에서 몇 시간을 부대껴도 피곤하지 않고, 집에 돌아와서 청소할 여력도 생기고 달콤하게 잠자리에 든다.

한 걸음씩

비는 오지 않고 후덥지근하다. 어제오늘은 내쳐 잠만 잤다. 늘어지게 한 잠자고 늦은 점심을 먹고는 달콤한 케이크 한 조각과 진하게 내린 커피를 머그잔 가득 마시고야 이제 좀 살 것 같다. 아직 다리는 욱신거리는데 상처 주변부에 새살이 단단해지고 벌겋게 부풀어 있던 것이 가라앉은 걸 보니 이제 그대로 나을 것 같아 마음이 놓인다.

병원 다녀와서 지난주 금요일엔 아이들 수업 마치고 전주까지 문상 다녀오느라 새벽에 도착했다. 두어 시간 자고는 진해에 다녀왔다. 춘천 다녀오면서 처음으로 접촉사고를 내어 그 수습하고, 여름이라 아이들이 아파하는 소식과 '망설이다 쪽지 남긴다.'는 젊은 엄마 이야기를 들었다. 와중에 미처 다 못 그린 그림 완성하고 새 그림을 스케치하며 지난 며칠을 살아냈다.

보름 전 한비네에 놀러 갔었다. 초여름 날이 더워 강에서 물놀이하다 종아리를 다쳤다. 다른 사람들 같았으면 멍이 들 정도의 충격이었다. 그리고 나의 경우에 비추어보아도 그동안 부작용과 퇴행을 반복하기는 했어도 거의 8부 능선 정도는 회복되었다고 생각하고 있었기에 이렇게까지 박살이 날 줄은 몰랐다. 아니, 그렇지 않기를 빌었다. 최근 2~3년 사이 이렇게 큰 상처는 처음이었다 너무 기가 막히고, 아파서 어찌 이리 박살을 내는지 야속하고 서럽기만 하더니, 이제 좀 살만해지니 다시 힘이 생긴다.

예전 같으면 항생제와 진통제로 견디는 것 말고는 다른 방법이 없었다. 하지만 이젠 시간이 걸리더라도 '치료'를 할 수 있다. 환자와 의사는 누구나 '완치'를 목적으로 한다. 그러나 희귀, 난치성질환의 '완치'는 기적이다. 그래서 '완치'의 개념으로 보면 나는 여전히 예전과 똑같은 '환자'일 뿐이다. 하지만 내가 '치료'라고 말하는 이유는 여전히 환자이지만, 호전되면서 '삶의 질'이 달라지기 때문이다. 상처가 회복되는 양상만 보더라도, 이렇게 큰 상처를 입고도 그 부위만 아프고, 덧나지도, 가렵지도 않고, 새 살이 아주 단단하게 돋아나는 것만 해도 '기적'이다.

그래서 나는 '치료'라고 말한다.

　나와 주치의 선생님은 '완치' 보다는 '삶의 질'을 목표로 정했다. 더디고 뒤로 물러나기도 하지만 한 걸음씩 걸어가는 길을 택한 것이다. 지난 오 년여 동안, 약물치료와, 춘천을 오가며 침 치료를 하면서, 직장도 다니고 일상을 유지하며 투병하는 것은 말 그대로 전쟁을 방불하는 것이었다. 그리고 제대로 싸우고 있는 것인지, 이 길이 맞는 것인지 수없이 갈등하고, 어김없이 찾아오는 부작용으로 초주검이 되기도 하며 나와 주치의 선생님은 이 걸음을 걷고 있다. 내가 흔들리면 주치의 선생님이 세워주고, 주치의 선생님이 흔들리면 내가 다시 마음을 다잡으며 그렇게.

　이제는 웬만한 자극쯤은 아무렇지도 않아 벅벅 긁을 수도 있고, 땀도 흘리고, 상처가 생겨도 가볍게 아물고, 가렵지도 않고, 늘 화농이 든 것 같은 통증도 없어지고, '데드마스크' 같던 얼굴은 피부 위축이 말짱하게 없어져서 표정이 생기고, 구부정하던 자세도 자연스러워지고, 쪼그려 앉을 수도 있고, 금방금방 자세도 바꿀 수 있고, 아이들과 몸싸움도 할 수 있고, 손과 발바닥에 지문이 드러나서 미끄러지지도 않고, 굽 높은 구두도 신을 수 있고, 책장도 잘 넘기고 바느질도 수월해져서 퀼트도 할 수 있다.

　그렇게 걸어오다 보니 도무지 끄덕하지 않던 고질적인 부위도 시나브로 나아 목과 가슴은 완전히 아물어 안정되었다. 이제 종아리도 좋아져서 살결이 부드러워지고. 정강이도 제법 나아서 번들거리는 것이 줄어들고 주름이 생겨났다. 발목 주변에도 주름이 많이 생겨서 오래 걸어도 괜찮고 발끝을 모아 쭉 뻗을 수도 있다. 땀도 나고, 무엇보다 살성이 '사람다워지고 있다'. 그래서 나는 이 걸음을 멈출 수가 없다. 비록, 다른 환자들 눈엔 어리석어 보일런지 모르지만 한 걸음씩 걷는다.

더디 가더라도, 때로는 되돌아가기도 하지만 '바른 방향'이라 믿기에, 언젠가는 닿을 것을 믿기에. 그 '믿음'을 지키며 '인내'하기가 딱 죽고 싶을 만큼 힘들지만. 비록 그것이 바라는 대로 '완치'가 아닐 수도 있지만 나는 이 길을 계속 가려고 한다. 2010년 7월

입원치료

2008년 2월 11일부터 3월 8일까지 꼬박 4주 동안 처음으로 한방병원에 입원하여 치료를 받았다. 진주에서 춘천까지 먼 길을 혼자 운전해서 다녀야 하지만 약물치료가 부작용을 반복하는 상황이라 주치의 선생님이 입원해서 침 치료를 해보자고 하셨다. 작년 11월부터 몸이 붓고, 상처 회복이 아주 더뎌지고, 잘 낫지 않는 가슴과 등의 상처가 심해지고, 음식을 삼킬 때 걸리기도 해서 점막이 다시 나빠지는 건 아닌가 하는 염려가 들었다. 이런 증상에 대한 약물치료가 약효를 내지 못하고 부작용이 반복되어 방법을 찾아보다가 아직 시도해보지 않은 침 치료를 하기로 하고, 병원이 너무 멀어 입원하기로 했다. 병원 생활 역시 힘들기에 썩 내키지는 않았지만 몸도 마음도 지친 상태라 좀 쉬고도 싶고 치료에 집중하고 싶기도 해서 힘들게 결정을 했다.

첫날, 피부 상태를 고려하여 유아 침으로 시작을 했는데 침을 맞는 순간 어찌나 고통스러운지 비명이 절로 나왔다. 그럼에도 침이 들어가질 않아 주치의 선생님도 나도 너무 당황스러웠다. 그동안 약물치료로 피부 상태가 아주 호전되어 침이 들어가지 않을 거라고는 생각하지 못했다. 그것도 제일 작은 유아 침이 들어가지 않는 것이다. 고통을 참고 다시 침을 꽂았는데 이번에는 침이 휘어져 버렸다. 고통도 고통이지만 침이 들어가지 않는 것이 더 당황스러웠다. 그렇게 시작한 침 치료는 넘 고통스러웠다. 그 고통을 감수하고도 한 번에 다 시술할 수가 없어 오전 오후로 나누어 시술하였고, 침이 깊이 들어가질 않으니 진피까지 자극을 줄 수가 없었다. 그러나 이 정도의 자극에도 몸이 적응하기가 힘들었다. 15분 침을 맞고 나면 지쳐서 두어 시간은 누워 있어야 했다.

이틀 동안 이렇게 고생을 하는데 효과를 보려면 진피까지 자극이 전달되어야 할 것 같아 란셋으로 피부를 뚫고 침을 꽂았다. 어찌나 고통스러운지. 거의 기절을 할 정도였다. 그리고 지난 이틀 동안과 달리 반응이 더 격렬하였다.

침을 맞고 설핏 잠이 들었는데 열이 오르고 숨이 차며 심장 뛰는 소리에 놀라서 깨어났다. 그러나 견딜 수밖에 다른 방법이 없다. 다행히 란셋으로 한 번 뚫고 나니 다음부터는 좀 쉽게 들어갔다. 2주 동안은 오전 오후로 나눠서 하다, 3주째부터는 오전에는 한쪽만, 오후에는 양쪽을 다 시술할 수 있을 정도가 되었다. 그러나 여전히 성인 침은 들어가지 않았다. 고통스러웠던 만큼 침의 효과는 처음 약물이 효과를 내던 때와 같이 전체적으로 회복되었다. 특히, 걱정하였던 점막 회복에 아주 좋았다. 덕분에 음식을 삼키는 데 문제가 없어지고 몸의 유연성이 다시 회복되어 허리를 굽혀 손바닥이 바닥에 닿았다. 지문이 더 선명해지고, 피부가 부드러워졌다. 입술 주름과 입술선이 더 선명해지고, 설소대 위축이 거의 없어져 상추쌈을 먹을 수도 있고, 혀를 내밀면 아래턱에 닿는다.

그러나 고질적인 부분의 상처 회복에는 기대만큼 효과가 나타나질 않았다. 처음에는 등 상처 중 하나가 표피가 생기면서 저절로 아물려고 해서 기대를 했었는데 더는 진전이 나타나질 않았다. 침과 함께 UV와 탄소 치료, 약물치료도 같이 했는데, 약물치료는 더는 효과가 없었고, UV 역시 별 무반응이었다. 반면 탄소 치료는 종아리에 변화를 줄 정도로 효과가 좋았다. 그렇게 4주 동안 침과 약물, 물리치료를 병행하면서 침으로 점막이나 전체적인 회복에 도움을 얻었으나 고질적인 부위의 치료는 기대만큼 효과를 얻지 못했다. 반면 탄소 치료의 효과를 보면서 한 가지 방법을 찾아내었다. 퇴원하고 일상으로 돌아와 적응하는데 열흘 정도 시간이 걸렸다. 하지만 지금도 생각하면 가슴이 너무 아프다. 병원에 있는 동안 몸과 맘을 추스르는 데 얼마나 힘이 들었는지.

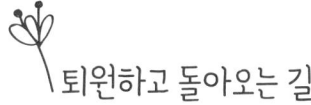
퇴원하고 돌아오는 길

　어찌하였거나 첫 입원치료를 통하여 어렵사리 산을 하나 넘고 지친 마음을 그나마 추스를 수 있었다. 무엇보다 같은 병실의 환자들이 아무 허물 없이 대해 주어 고마웠다. 그리고 나 또한 사람들에게 나를 드러내는데 거리낌이 없어졌다는 걸 발견하였다. 사람들에게 편해진 나 자신에게서 새 힘을 얻었다.

　퇴원하고 돌아오는 길은 흐드러진 봄기운이, 새움을 피우는 봄바람이 살랑거렸다. 어렵사리 답을 하나 찾고, 또 하나의 산을 넘고. 오롯이 혼자 견뎌낸 병원을 뒤로하고 그 길을, 그 먼 길을 또 혼자 내려오면서 먹먹해진 가슴과 달리 눈물조차 흐르질 않았다. 뜻밖으로 나 자신이 낯설게 느껴지는 건 무슨 까닭일까? 병원에서 있었던 일이 남의 일처럼 여겨지는 이유는 무얼까?

　나를 남 보듯 하며 며칠 지나다 보면 그제야 눈물로 씻어버릴 힘이 생기겠지? 한 달 동안 치료과정을, 늘 상 그랬던 것처럼, 사진으로 기록하고, 그 사진 속 나를 보았다. 그랬구나? 나를 그렇게 적나라하게 바라보는 게 그리 힘들었던 게야? 그래서 남을 대하듯 나를 보고 있니? 그러렴. 그래도 괜찮아. 우선, 뜨거운 커피와 촉촉하고 달콤한 케이크 먹고 힘을 내자! 그래서 그 긴 여정을 다시 돌아보고 또 딛고 일어서는 거야!

Hospitality - 환대

나 어렸을 적 꿈은, 호기롭게도 100살까지 살면서 세상 모든 사람과 모든 일을 알고 싶다는 것이었다. 어쩌면 예닐곱 살배기 꼬맹이가 그런 생각을 했을까? 아마도 아버지께서 사 오신 '김찬삼의 세계 일주'라는 6권짜리 책을 보면서였던 것 같다. 세계 여러 곳의 풍경과 살아가는 사람들이 담긴 사진, 깨알 같은 글이 꽉 차 있는 책이다. 책이 어찌나 두껍고 무거운지 두 손으로 들기에도 힘들었다. 사진으로만 보아도 가슴이 콩콩 뛰었던 그 시절엔 나중에 어른이 되면 세계를 돌아다니며 세상 사람들을 만나리라 꿈을 꾸었다.

아직도 기억이 생생한 것은, 파리 몽마르뜨 언덕 사진이었는데, 그 한 장의 사진 속 사람들은 어쩌면 형형색색으로, 그리고 분명 봄이라 했는데 털 코트를 입은 사람, 민소매, 비키니, 치마, 바지 할 것 없이 저마다의 개성으로 차려입고 있어 너무나 놀라워 전율이 일었다. 그러면서 '언젠가는 나 여기를 꼭 가보리라. 정말 이렇게 마음대로 입고도 상관없이 살 수 있는지?' 아니, 사람이 어떤 모습이든 상관하지 않아 보이는 그곳에 가고 싶었다.

등나무 아래, 가지마다 늘어뜨린 꽃송이가 아름다운 그늘을 지날 때면, 그 향에 취하다 눈물이 난다. 등꽃의 꽃말이 '환영'이란다. 정말이지 꽃답다. 더구나 '화르르~' 꽃이 질 때면 몸서리나게 향기롭다. 그래서 이맘때면 나는 상사병이 난다. 그리움에 몸살이 나고, 그러다간 발병이 나서 훌쩍 떠나곤 한다. 지난 주말엔 용인 동생네에서 사흘이나 뒹굴거리다 왔다.

돌배기 무렵부터 보아 온 사촌 동생이 둘째를 낳은 지 이제 두 달, 동생이 생긴 덕분에 공주에서 무수리가 되어버린 큰조카는 나를 그 새 잊어버렸는지 한참을 본다. 도무지 알 수 없는 자신의 처지에 화가 난 그 얼굴이 어찌나 안쓰러운지. '얘야 인생이 그런겨!' 같이 놀아주자 그제야 예전의 얼굴이 되어 꺄르르 넘어간다. 그 웃음소리에 동생이 "언니야, 울 큰딸이 이렇게 웃는 게 얼마만 인지 몰라? 언니, 있는 동안 많이 놀아줘!"란다. 그렇게 사흘을 동생과 조카와 함께 쇼핑도 하고, 맛난 것도 사 먹고, 드라이브도 하며 수다를 떨며 지내고 왔다.

오며 가며 그 길엔, 꽃이 지고 신록이 물오르고 있었다. 그 눈부신 신록에 또 눈물이 난다. 어쩌면 저렇게 서늘하고 생기로울 수가 있을까? 따사로운 햇살에 저마다의 빛으로 반짝이는 신록 속으로 내가 스며드는 것 같았다. 아니, 생기로움과 서늘한 그 심연으로 잦아들고 싶었다.

손

비가 와. 찬비가! 이렇게 비가 내리면 바다가 그립다. 깊이를 가늠할 수 없는 그 심연으로 들어가고 싶다. 가끔 그 깊은 바다로, 아니 그냥 잠속으로 빠져들고 싶을 때가 있다. 오늘이 그런 날이다.

자꾸만 가영이가 눈에 밟혀서 가슴이 서늘하다. 가영이가 뭉툭한 손가락으로 애써 오려낸 그림을 보면 늘 마음이 짠하다. 왜소증을 가진 이 녀석은 세상 부러울 것 없는 공주이다. 세 살 터울 오빠도 이겨 먹는 이 여우는 말문이 막히면 헤헤거리며 얼렁뚱땅 하지만 손으로 하는 건 "아이, 힘드어!"라면서도 "내가, 내가!"라며 잘 해낸다. 어찌나 열심인지, 얼마나 이쁘게 하는지 늘 가슴이 아리다.

문득 중등 시절 가사 선생님이 생각난다. 바느질 시간에 손으로 박음질을 하고 있었는데 뒤에서 선생님이 한참을 보고 계셨는지 "참 잘했다!"며 내 어깨를 다독이시던 손이 가볍게 떨리셨다. 워낙 호랑이라 다들 무서워하던 선생님이셨는데 그날 이후 나에겐 따뜻한 봄바람이셨다. 그 시절 가사 선생님 마음이 아마 내가 가영이를 보는 마음인가 보다.

난 손으로 무엇을 만드는 걸 좋아하고, 제법 잘하는 편이다. 그래서 심하게 아팠던 지난 몇 년 동안, 자꾸만 손이 굳어지고, 잘 펴지지 않아 아무것도 할 수 없었을 때, 이제 손으로 하는 것마저도 할 수 없다는 게 더 견디기 힘들었다. 사람들이, 손톱이 다 빠져 뭉툭하고 맨들맨들한 손으로 무언가를 하고 있으면, 안쓰러워하기도 하며 "정말 네가 했냐?"며 되묻곤 한다.

상처가 아물고 점막이 회복되면서 손이 편해졌다. 손가락 사이가 넓어지고 손끝에 지문이 조금씩 드러나고, 아직 기미가 보이지는 않지만, 손톱 자리에 네일베드nail bed가 더 단단하게 만져지면서, 손으로 하는 것이 너무 수월해졌다. 그림을 그릴 때 도무지 잘되지 않던 섬세한 터치도 가능하다. 근데 난 기쁨보다는 '이렇게 수월한 걸 그리 힘들게 했구나!' 하는 생각으로 서늘하였다. 뭉툭하고 맨들거리는 손가락이지만 손으로 무엇을 하는 게 재미있었다. 남들보다 시간이 많이 들어서 그렇지 못하는 게 아니어서, 그리고 제법 잘한다고 해서 그리 억울하거나 서글프지 않았다.

 손이 편해지고 손끝에 수포가 생기지 않을 뿐 아니라 지문이 나타나면서 손으로 하는 작업이 너무 수월하다. 그런데 그 수월함이 기쁘기만 하지는 않고 그렇다고 슬프다고도 할 수 없는 어떤 감정으로 한동안 힘들었다.

투병- 그 깊고 깊은 고독

언제 그랬냐는 듯 새 살이 돋는 것조차 허탈하던 날에,
조용히 나를 다독이시는 손길에 마음이 한 겹 벗겨지면서
'내 인생이 환자로 끝나지 않을 거야!'라며
다른 환자들과 나를 구별하고 있는 완고함을 보았다.

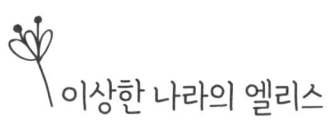
이상한 나라의 엘리스

　찬란한 7월을 잘 견뎌낸 날을 기념하여 수업 일지 적어 보내고 오랜만에 커피를 내렸다. 덕분에 온 방 가득 커피 향이 좋다. 이렇게 은근히 스며드는 향과 함께 잠시 쉼을 주는 맛이 좋아서 이런저런 이유로 커피를 찾나 보다. 언제라도 커피 향은 좋다. 아마도 자연이 빚어낸 맛과 향이라 그렇겠지?

　매사에, 병아리 눈물만큼의 차이에도 민감하게 반응하는 몸 덕분에 7월은 넘 넘 대단했다. 더 대단한 건 내 몸과 마음이 전쟁을 치르는 그 와중에 해 뜨면 시험 치러 가는 바로 나! 멍청하게 TV를 보다 생기로운 '장한나'를 봤다. 힘이 난다. 저 아이는 어쩌면 저렇게 생기로운가?

　오늘 기석이 수업 중 「이상한 나라의 엘리스」를 계속 들었다. 토끼가 준 것을 먹고 키가 엄청 커져 놀라 울던 엘리스가 다시 작아져서 자신이 흘린 눈물에 풍덩 빠져버린 장면이 들렸다. 잠시 멍해지면서 가슴이 먹먹해졌다. 늘 테잎을 돌리며 듣던 이야기였는데 새삼 이 장면이 오늘 귀에 들렸다. 엘리스가 눈물 웅덩이에 빠져보니 개미와 곤충들도 허우적거리고 있더란다. 눈물 웅덩이. 내가 지금 하나님 앞에서 개미만큼 작아져서 내가 흘린 눈물 웅덩이에서 허우적대고 있나 보다. 아니, 하나님의 눈물인가? 지금 내가 참 안쓰러우신가 보다.

2007. 05. 24.

희망의 무게

신문을 보다 '희망은 가장 고통스러운 사람들로부터 나온다.'는 말이 눈에 들어왔다. 순간 가슴이 무너져 내린다. 「팔레스타인의 눈물」이라는 책을 소개하는 말이다. 무심히 눈에 들어온 그 말에 숨이 막힌다.

책이 보이는 게 아니라 '희망'이라는 말이 나를 말끄러미 쳐다보고 있는 거 같아 눈물이 흐른다. 그냥 덮어버렸다. '희망' 그 무게감으로 질식할 거 같다. 내 영혼까지 갉아먹을 것 같은 절망에서 그 절망을 이기려 붙들고 있던 '희망'이라는 말. 자꾸만 빠져나가려는 그 말. 그 말이 무겁다.　　　　　　　　　　　　　　　　　　　2007. 06. 30.

귀뚜라미

며칠 전부터 귀뚜라미가 찾아왔다. 창 밑에서 몹시도 울더니 어제는 방안까지 들어와 밤새 울다 사라졌다. 한낮은 아직 더위가 만만치 않지만 이제 아침저녁으로 제법 바람이 서늘하다. 귀뚜라미가 이리 반가운 이유는 이제 곧 선선해지기 때문이다.

내 몸이 가장 편안한 가을, 가슬가슬하니 쌀쌀한 늦가을이면 더 좋다. 이맘때면 윤도현의 '가을 우체국 앞에서'를 하루종일 듣곤 한다.

♪ 가을 우체국 앞에서

가을 우체국 앞에서/ 그대를 기다리다/ 노오란 은행잎들이/ 바람에 날려가고/ 지나는 사람들 같이/ 저 멀리 가는걸 보내/ 세상에 아름다운 것들이/ 얼마나 오래 남을까/ 한여름 소나기 쏟아져도 굳세게 버틴 꽃들과/ 지난 겨울 눈보라에도/ 우뚝 서 있는 나무들같이/ 하늘 아래 모든 것이/ 저 홀로 설 수 있을까/ 가을 우체국 앞에서/ 그대를 기다리다/ 우연한 생각에 빠져/ 날 저물도록 몰랐네

윤도현 노래 /가을 우체국 앞에서 중에서

어김없이 귀뚜라미가 찾아들고, 늦여름 낮은 비행을 하던 잠자리는 붉어지겠지? 한 치의 오차도 없는 자연. 아니, 하나님의 섭리를 신뢰하기에 한 여름 소나기도, 한 겨울 눈보라도 지나올 수 있었다. 이 하나님의 섭리 속에 나의 치유도 함께 있기를 이 밤 깊은 기도를 드린다.

2007. 08. 23.

무작정

언제 그랬냐는 듯 좀 살만해서 무작정 다녀왔다. 새로 시작한 치료 덕분에 한동안 흠씬 두들겨 맞은 듯, 운신도 못 하겠더니 이틀 동안 스무 시간 가까이 운전을 했는데도 별로 피곤하지 않다. 면역계 반응은

이렇게 기복이 심하여 꾀병을 부리는 듯하다.

 여하튼 주말 동안 대구를 지나 영주에서 봉화로 36번 국도를 타고, 울진을 지나 죽변항에서 늦은 저녁을 먹고, 다시 울진으로 내려오다 일박을 했다. 아침에 못 일어날 줄 알았는데 개운하게 일어나 7번 국도를 타고 내려왔다.

 온통 가을 색이다. 산, 바다, 하늘, 햇빛도, 바람도. 대구를 지나는 동안은 들판에 아직 나락이 그대로인 데가 많았는데, 안동을 지나면서는 다들 빈 들이었다. 빈 들엔 나락을 배어 낸 밑동, 세워놓은 볏짚 주변엔 이삭들이 흩어져 있었다.

 참 고맙게도 빈들을 보면서 마음이 가득해졌다. 쓸쓸함이나 외로움이 아니라, 뜨거운 여름 장마와 가뭄을 견뎌내고, 꼭꼭 여문 나락을 키워낸 들판, 그 열매를 베어낸 자리. 밑동만 남은 그 들판은 마치, 자신의 소임을 잘 마치고 돌아온 병사의 휴식 같고, 그리고 출항을 준비하며 그물을 손질하는 어부의 손길 같아서 따사로운 가을볕이 참 좋았다.

 그래, 익은 곡식 베어내고 저렇게 바닥을 드러내는 거야! 그래야 그 빈 자리를 묵혔다 새봄에 갈아엎어 씨를 뿌리지. 그래서 밑동만 남긴 채 저렇게 발가벗겨져도 부끄럽지도, 쓸쓸하지도 않은 게야! 그래, 그런 거야!

 긴 터널을 지난 것 같다. 꿈결에선가, 이 터널에서 나오게 해 달라고, 나 혼자서는 길을 못 찾아 맴돌고만 있으니 나를 좀 데려가 달라고 했던 것 같다. 운전하다 싫어지면 차에서 내려 길을 걸었다. 소나무 울창한 길을. 숲은 짙은 초록에서 노랑, 주황, 빨강으로 익어가고 있었다. 깊어가는 바다는 그냥 마음에 담아왔다.　　　　　　2008. 10. 14.

solidarite', 혹은 그리움

늦은 시간 가영이 수업을 마치고 왠지 허전함이 몰려왔다. 제법 복잡한 그림을 가위로 오려낸 가영이. "아~우, 힘드어"라며 한숨을 쉬어서, 안 그래도 지켜보려니 안쓰러워서 "쌤이 도와줄까?' 했더니 "아이요. 내가, 내가"라며 끝까지 해내는 그 모습이 오늘은 왜 그리 짠한가?

지난 주말, 알럽네팔 정기모임을 다녀오면서 그리움이 밀려왔다. 잊은 줄 알았던 이름들, 튀니지에서 만난 아이들이 하나씩 떠오르며 그리움이 몰려온다. 깡마르고 예민하여 늘 신경이 곤두서 칼날 같은 신경질로 온 식구들을 쩔쩔매게 하던 '싸드끼'. 병원에서 심장 이상을 찾아내질 못해 위험할 뻔했는데 그 심장 이상을 내가 찾아내어 곧바로 수술하여 위험한 고비를 넘겼다. 싸드끼 엄마와 상담을 하고 다음 날부터 언어치료를 시작하였다. 그 아이가 처음 사람다운 발성을 하던 날, 그 엄마의 환한 웃음, 그 예쁘고 앳된 얼굴이 생각난다.

재벌 집 장남 아홉 살배기 '랴오프'는 목조차 가누지 못하는 뇌성마비 장애를 가지고 있었다. 발성조차 할 수 없는 랴오프는 눈만 자유롭게 움직일 수 있었다. 아이러니하게도 너무 부자여서 자신의 의지와는 상관없이 살아야 했던 그 아이. 한 달 동안 그 집에서 같이 생활하면서 언어치료를 하였다. 처음으로 스스로 목을 가누며 나와 마주쳤던 그 순간 그 아이의 눈빛은 환희로 빛났다.

제르바섬, 어느 마을에서, 시멘트 바닥에서 맨발로 놀고 있던 다운증후군을 가진 돌배기 아이. 마침, 내게 빵이 있어 먹여주며, 혀를 살살 주물러주었더니 기분이 좋은지 방긋이 웃던 그 아이. 내 가방에 있는 나팔에서 눈을 떼지 못하길래 그걸 주고 오는 나도 행복했다.

퀭한 눈으로 힘없이 쳐다보던 '파우지아', 말간 눈으로 쳐다보던 농아 아이 마리엠은 학교에서 눈치껏 나를 도와주었다. 학교를 떠나던 날, 점심으로 가져온 빵을 내게 주며 숨이 막히도록 끌어안던 '나미아' 선생님. 그 빵을 돌아오는 비행기에서, 그녀가 굶었을 그 날 점심을, 오래오래, 천천히 먹었다.

마뜨마따 언덕, 모래바람 속에서 나를 붙들고는 사진 찍으라고 포즈를 지으며, "one dinar!"를 외치던 노파. 혼자 동네를 둘러보는 나를 불러 따뜻한 차와 점심을 같이 먹자던 어느 여인. 마치 움직이는 석고상 같았던 어떤 할아버지, 도무지 사람의 발바닥 같지 않던, 샌들조차 갖다 댈 수 없었던 그 할아버지의 발바닥이 먼저 눈에 들어왔다.

그리움인가? 아니, 오늘은 solidarité – 연대감 – 이라고 하고 싶다. 한 두 번 만난 인연으로 지구 반대편 작은 나라에서 그들의 평안을 비는 마음. 난생처음 하나님 아버지에게 맘껏 기대어서 말할 수 없는 기쁨을 누렸다. 하나님 앞에서 온전하고 솔직하게 지낸, 내 인생에서 가장 자유로웠던 시간이었다. '제 3세계 특수교육 지원단'으로 네팔로 떠날 준비를 하면서 튀니지에서 누렸던 그 기쁨과 자유를 기대하느라 벌써 행복하다. 배우가 무대에서 막이 올라가길 기다리는 마음이 이럴까?

2008. 11. 26.

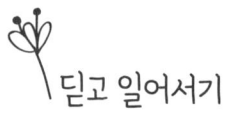
딛고 일어서기

지난주 환우회에서 만난 환우 엄마에게 아이가 아주 심해졌다는 전화를 받고는 내내 맘이 편치 않았다. 나의 안부를 묻는 아이 엄마 목소리가 많이 지쳐 보여 잘 지내고 있다는 말을 하기조차 조심스러웠다. 서른이 넘은 딸아이를 온 힘을 다해 보살펴왔는데 해가 갈수록 심각해지는 딸을 돌볼 기력조차 잃어버린 듯, 도무지 어찌해야 할지를 모르겠다는 아이 엄마 목소리가 한없이 서글프게 들렸다.

지금 그 아이 상태가 내가 가장 고통스러웠던 십여 년 전과 비슷한가 보다. 그래서 30여 분 통화를 하는 내내 가슴이 무너져 내리는 것 같았다. 지금 나는 종아리, 그것도 정강이만 빼면 걱정하지 않아도 될 만큼 회복되었다. 조금 다치거나 상처가 생기더라도 걱정하지 않을 만큼. 그리고 9월 말에 하였던 신체검사에서 드디어 빈혈 수치가 12.2로 정상 범위에 들었다. 여름 내내 몸이 나빠져서 애를 태우던 동안에도 어지럽지 않아 이상하다 했는데, 9월에 검사를 받고서 빈혈 수치가 올라가서 어지럽지 않았다는 것을 알게 되었다.

무엇보다 그렇게 애를 먹이고도 꿈쩍 않던 종아리가 조금씩 나아지고 있다. 생각해 보니 십여 년 전부터 지금까지 참으로 지난至難한 날이었다. 그 시절 도무지 가라앉지 않던 그 통증은 죽음보다 더 고통스러웠다. 바닥을 알 수 없는 절망으로 물조차 삼키지 못하다 하나님과 대면으로 바닥에 닿아 다시 올라올 수 있었.

최소한 '항복'은 하지 않아야겠다는 생각을 했다. 그리고 한방치료를 하면서부터, 수포성표피박리증에 대하여 많이 알게 되었다. 수포성표피박리증이 '자가면역'질환이라 치료과정은 부작용과 싸움이었다. 새로운 시도를 할 때마다 겪는 부작용으로 초주검이 되기도 하면서 이제 땀이 흐르고, 지문이 드러나고, 네일베드가 더 단단하게 만져지는 감격을 맛보고 있다.

하지만, 70%의 회복에서 도무지 더 나은 치료 방법을 찾지 못해 절망스러웠던 지난 몇 년, 그래도 포기하지 않고 견뎠다. 이제 감사하게도 침 치료로 종아리가 변화를 보이기 시작한다.

누구의 말처럼, 난 두드렸다 열릴 때까지.　　　　　　2009. 10. 12.

만추

열흘간의 치료를 마치고 내려오던 11월 둘째 날, 첫눈이 내렸다. 붉게 타오르는 맑고 맑은 단풍잎이 눈을 이고 있어 더 아름다웠다. 지난주 내내 사정이 생겨(주치의 선생님이 병이 나셨다) 마지막 날에서야 만난 주치의 선생님은 종아리에 침이 좀 과한 것 말고는 괜찮다고 하셔서 그제야 나도 마음이 놓였다. 사실, 지난 토요일에는 오전 치료만 했다고 했더니," 어지간해서는 치료를 거르지 않으시는데 많이 힘드셨군요." 하신다.

그래요.. 참 많이 힘들었답니다. 그리고 서러웠답니다. 공교롭게도 예정대로 입원하러 가던 날, 선생님이 병가를 내셨다. "지금 원주 지나요. 이따 봐요."라고 문자를 보내고서 30여 분이 지나자 다급하게 전화를 하셨다. "아 이런! 제가 갑자기 어제부터 너무 아픈 바람에 연락을 못 드렸어요. 죄송해서 어떡하죠?" 미리 약속되어 있었기에 황당했다. "맘 편히 치료받으세요. 전공수련의 선생님이랑 해 보지요."라고 전화를 끊고는 한참이나 황당한 맘을 수습하지 못했다.

　기어이 가장 염려하던 일이 일어난 것이다. 나의 상태를 가장 잘 읽어내고 치료할 수 있는 주치의 선생님이 치료할 수 없는 사정이 생긴 것이다. 더구나 가장 애를 먹이는 발목 주변과 후두부 치료를 계획 했기에 난감했다. 전공수련의 선생님은 입원하여 치료받는 동안 주말 당직 때 말고는 직접 치료를 하지 않았기에 서로를 잘 모르는 상황이었다. 어쨌거나, 같이 해 보기로 하고 시작했다. 같은 침일지라도 의사마다 침법이 다르기 때문인지, 전공수련의 선생님 침은 마치 망치로 맞는 것처럼 침훈이 세어서 힘이 들었다. 다리와 팔, 후두부에 120여 개의 침을 하루 두 번씩 맞는 건 정말이지 체력전이었다.

　사흘쯤 지나 입안에 혓바늘이 돋아 걱정이었는데, 다행히 가라앉아 치료를 계속했다. 다행인 것은, 지난번엔 발침 할 때도 통증이 심하고, 피가 샘솟듯 뿜어나오고 멈추질 않아 솜으로 거의 도배를 하다시피 했는데, 이번에는 통증도 훨씬 덜하고, 무엇보다 피가 나지 않기도 하고, 피가 나도 금방 멈추었다. 피부가 단단해지면서 혈관도 단단해졌다는 뜻이란다. 얼마나 감사한 일인가.

　역시나 가장 애를 먹이는 부분이라 그런지 발목 주변은 아주 쬐끔 좋아지고는 지지부진이어서 아직 마음을 놓을 수 없다. 후두부와 목덜미는 호전을 보여 다행이고 종아리에 항상 놓이 든 것 같은 통증이 많이 줄었다. 내려오던 날 내리던 첫눈이 서설瑞雪이기를.   2009. 11. 07.

미로찾기

    때 늦은 꽃샘추위까지 올해 봄은 길고도 긴 터널을 지나는 것 같다. 하늘이 '이상기온'으로 몸살을 앓듯, 나도 심히 심란하게 봄을 나고 있다. 주치의 선생님께서 새로운 침 치료를 시도를 해보자고 하셔서 두 달여 동안 전문병원을 물색하고 진단받는 데서부터 난항을 겪고 있다. 진주에서 서울까지 다니는 것이 너무 힘들어 부산의 두어 군데 병원을 찾아 진단을 받으면서 부작용만 심하게 겪었다. 상처가 피수포와 농으로 나빠지고, 그것도 모자라 지혈이 되지 않는 초기 상태로 돌아가는 부작용 앞에서는 한숨도 나오질 않았다. 그 부작용을 무릎 쓰고 진단을 받는 와중에 보여준 의사들의 태도는 그저 '환자'라는 현실이 서러웠다. 환자가 어떤 심정인지, 어떤 고통을 반복하고 있는지, 얼마만 한 노력을 하고 있는지는 아랑곳없이, 자신의 소신을 피력할 뿐이었다. 내가 이만큼 좋아지는 데 평생이 걸렸는데, 그 세월이 의사들에겐 어찌 그리 일고의 가치도 없을까?
    주치의 선생님도 나도, 무엇보다 대안이 없다는 것 때문에 기가 막혔다. 그러다 보니 이제 그만두어야 하는 게 아닌가, 욕심일 뿐이라는 생각과 말할 수 없는 분노가 일어 며칠을 넋 나간 듯 보냈다. 그렇게 또 며칠을 보내고, 분을 삭이려 조용히 기도하는 중에 생각이 정리되면서 다시 한번 해 보기로 하였다.

주치의 선생님의 주선으로 그 만나기 어렵다는 한의사 선생님을 만났는데, 뜻밖으로 다른 체질로 나와서 또 한 번 난감했다. 그래도 이번 한의사 선생님은 의지를 보이셔서 신뢰를 가져 볼 만했다. 두 번 치료를 받는 동안 전과 다른 반응과 함께, 상처가 아물고, 상처 출혈이 줄어 안심이었는데, 어제는 앉으면 등이 당기면서 명치가 아프고, 누우면 흉통이 심해서 숨쉬기가 힘들고, 허리와 무릎이 아파 밤을 새웠다. 밤새 꼬박 아프고는 다행히 몸이 조금 가볍고, 상처가 아물었다.

어찌 이리 쉽게 되는 법이 없는 걸까? 여기저기 막혀있는 미로를 찾아가는 것 같다. 방해물을 넘고 막힌 길을 돌아가다 보면 미로를 벗어나겠지? 그 날이 오려나? 그래도 선배님댁에서 다닐 수 있으니 다시 힘을 내는 거야! 막막하고 심란한 마음을 어쩌지 못하고 있는데, 고맙게도 친구가 맛있는 저녁과 함께 뮤지컬까지 보여주었다. 언제였나? 배우들의 숨소리까지 들리는 소극장.

♬ 난 빨래를 하면서 얼룩 같은 어제를 지우고, 먼지 같은 오늘을 털어내고 주름진 내일을 다려요. 잘 다려진 내일을 걸치고 오늘을 살아요 ♬

♬ 빨래가 바람에 제 몸을 맡기는 것처럼 인생도 바람에 맡기는 거야 ♬

뮤지컬 <빨래> 중에서

노랫말처럼 빨래하듯 먼지 같은 오늘을 털어내고 바람에 내 몸을 맡겼으면 좋겠다.

길고 긴 여행을 다녀온 것 같다. 거의 석 달여를 새로운 치료를 위한 진단을 받으려 한의사를 찾아다녔다. 여러 한의사를 찾아다니며 여전히, 그리 애를 썼지만, '환자'라는 사실이 서러웠다. 결국은 여러 진단을 거치며 다시 주치의 선생님에게로 돌아왔다.

서울에서 춘천 가는 버스를 타고 가면서 어린 시절 여수 애양원 다니던 길이 떠올랐다. 새벽 기차를 타고는 하루가 꼬박 걸리던 그 길. 역에서 내려 병원까지 걸어가는 그 길이 어찌 그리 멀던지. 여름에는 플라타너스에서 매미가 그리도 울었고, 겨울이면 황량한 그 길엔 바람이 매서웠다. 조금이라도 빨리 접수를 하러 엄마가 먼저 가시고 그 길을 혼자 걷다 보면 가도 가도 제자리인 것 같아 무섭기까지 했다. 울 엄마는 접수하고 다시 잰걸음으로 딸을 데리러 오셨다. 그제야 우리 모녀는 천천히 걸으며 숨을 고르곤 했다.

그래, 그런 시절도 잘 지내왔는데 무얼 못하랴 마음을 다잡아보지만, 그게 그리 쉽지가 않다. 선배님 말씀처럼 "좀 살만해서, 좀 덜 아파서!"일 게다. 어느 시인이 그랬다. 죽을 만큼 아프면 아무 생각도 할 수 없지만, 좀 덜 아프면 별생각을 다 한다고. 마음 같아서는 더 치료를 받고 싶었지만 돈을 벌어야 하니 일을 더 미룰 수도 없어 아쉬운 마음으로 다음을 기약하고 왔다.

돌아오는 날은 모처럼 봄답게 햇살이 따사롭고, 춘천은 아직 개나리가 지천에다 벚꽃은 하롱거리고, 좀 더 남쪽으로는 꽃이 진 자리에 연초록빛이 물오르고 있었다. 김천을 지나면서부터는 배꽃이 눈부셨다.

반가워서 맘이 다 환해졌다. 역시 봄은 꽃구경이 제일이다.

2010.04.14.

소박素朴하게

 모처럼 화창한 봄날, 한결 살만해지니 바람이 난다. 언제 올 거냐며 쑥이 더 크지 말라고 잡고 있으니 어서 오라는 한비네를 다녀왔다. 3월 첫날 이사한 한비네는 봄볕에 그을린 얼굴로 식구들 모두 마냥 행복하니 내심 걱정이던 마음이 놓였다. 힘들어하던 도시살이만큼이나, 아니 어쩌면 더 많이 시골살이가 힘들지라도 지금 행복해하는 만큼 잘 살 게다. 마침, 들고 간 케이크로 며칠 지난 한비 엄마 생일 축하도 하고, 아이들과 동네 한 바퀴 돌며 이런저런 이야기 나누었다. "한비네 동네는 아늑하니 참 좋아." "다음에는 주무시고 가세요!"라며 아쉬워하는 아이들 인사를 뒤로하고, 낮에 캐온 달래와 마가목이랑 당귀 효소도 얻어왔다.

 한비네는 다섯 식구가 알콩달콩 살고 있다. 언제라도 나를 반겨준다. 오늘도 군불 지펴 둔 방에서 깊은 잠 달게 자고, 아이들 학교 가는 소리에 깨어 논둑으로 쑥 캐러 갔다. 모내기하려 물 댄 논에서는 어르신 몇분이 쟁기질을 하고 계셨다. 양지바른 논둑에 쪼그려 앉아 쑥을 캐고 있으니, 꿩이 후두둑 날고, 왜가리도 날고, 어디선가 소쩍새도 운다.

　저 멀리 지리산엔 아직 눈을 이고 있지만, 이렇게 볕 바른 들에는 먹을 게 지천이야. 쑥을 캐며, 심지도 않고 거두지도 않았는데 이렇게 풍성히 얻고, 쪼그려 앉아 있어도 아프질 않으니 얼마나 좋은지. 두어 시간 꼬박 캐고도 한 소쿠리도 못 채웠다며 타박을 받아도 그저 좋기만 했어. 내려오는 길에 할미꽃은 또 얼마나 이쁘던지.

　텃밭에서 달래, 취, 오가피랑 머위, 가죽나물 후두둑 한 줌씩 뜯어서는 오징어 양껏 넣고 부침개 부치고, "이맘때는 묵은 지 씻어 쌈 싸 먹어야지!" 했더니 한비 아빠가 묵은 지를 씻어 상에 올렸다.

　입가심으로 오디잼에 야쿠르트까지 먹고 책 한 권 들고서는 아랫방에서 졸다가, 떡 하러 가자는 소리에 깨어 쑥이랑 불린 쌀 들고는 방앗간에서 절편 만들어 꿀 발라 먹으니 바로 '꿀맛'이다. 한비 아빠가 내려주는 커피 한 잔 마시고, 별이 총총한 길을 따라 집으로 오며 산에서 들에서 자라는 나물들은 해와 달, 비, 바람이 주는 땅심으로 자란다 생각했다. 제 모양대로 제맛을 내며 자라는 데는 그리 많은 게 필요하지 않다. 나도 저렇게 소박하게 살았으면. 아~ 참 기분 좋은 봄날이야!

2010. 05. 04.

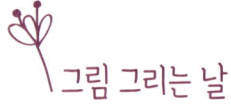
그림 그리는 날

　공방에서 그림 그리는 수요일은 충족감으로 행복하다. 온종일 공방에서 그림을 그리고 나면 기분 좋은 피로감, (정말이지 더디지만) 조금씩 늘어가는 솜씨로 뿌듯하다.
　작은 가구나 소품 반제품을 사포로 다듬고 밑그림을 그린다. 완제품과 책을 보면서 색칠을 한다. 이제 사포질을 해도 수포가 생기지도 않고, 상처가 나지도 않는다. 별로 피곤하지도 않으니 곧바로 출근할 수도 있다.
　환영 팻말로 시작한 포크아트는 소품에서 가구로 작품이 늘었다. 이제 곧 해바라기 화장대 마무리하고, 다음 달에는 미니 수납장 시작한다.　　　　　　　　　　　　　　　　　　　　2010. 05. 12.

박살이 나다.

　엊저녁 늦게 춘천에서 돌아와, 오전에 예배드리고 와서는 종일 TV 틀어놓고 뒹굴었다. 혓바늘이 돋아 무엇을 먹어도 따끔거린다. 울 엄니 맹글어 놓으신 두부와 팥죽으로 하루를 보냈다.
　예배를 드리고도 허탈해져서는 어쩌지를 못하겠다. '박살'. 그것도 아주 '악살'이 났다. 2주 동안 하루 세 번씩, 모두 24번의 침 치료, 서너 달에 걸쳐 맞을 침을 한꺼번에 맞았다. 5일째 되는 날엔 침을 놓는 순간, 벌떡 일어나 다리를 빼버렸다. 심호흡하고 겨우 침을 맞고는 눈물이 멈추질 않아 한참을 누워 있었다. 그저께는 정말이지 치료를 그만 끝내고 싶을 만큼 고통스러웠다.

밤새 통증으로 끙끙거린 나를 보고는 "표정을 보니 많이 고통스러우셨나 봅니다?"라면서도 침을 들어야 하는 주치의 선생님도 굳은 얼굴로 "그래도 상처가 회복되는 통증이니 조금만 더 힘내 보세요." 할 수밖에. 이렇게 2주간 집중치료를 하고도 워낙 큰 상처라 절반 정도밖에는 아물 지가 않았다. 남은 상처 부위가 넓어 불안하지만, 기운도 없고, 침 맞은 자리도 부어서 퇴원하고 돌아왔다.

3주 전, 계곡에서 물장구를 치며 놀다 다리를 다쳤다. 아이들과 함께 물장구를 치던 나는, 갑자기 숨이 막히는 충격과 다리가 짓이겨지는 통증에 놀라 숨을 쉴 수가 없었다. 같이 놀던 친구가 장난치며 던지고 놀던 돌에 하필 내가 맞은 것. 순간, '지난 몇 년간 수고가 모래성처럼 무너지는 거야? 다음 주에 병원 갈 건데 어떡하지? 이 낭패를 어떻게 수습하나?' 하는 생각으로 멍해졌다. 다들 걱정스러워도 어쩌질 못하니 더 난감했으리라. 장난친 그이는 얼마나 당황스럽고, 민망할까?

지난달 치료에 이어 계획을 세워놓으셨던 주치의 선생님이 상처를 보고는 한참을 말을 잇지 못하셨다. 침의 효과가 상처 회복에만 집중되어 다른 부위에는 힘을 미치지 못했다. 의도했던 치료는 미룰 수밖에 없었다. 돌아오는 길엔 초록이 짙어가고 있었다. 그 초록에 눈이 시렸다. 다행히 통증이 줄고 있는걸 보니 아물려나 보다. 오늘은 통증이 거의 없다. 어쩌면 곧 아물 것도 같다. '아~ 당신은 어찌 이리도 박살을 내십니까?' 2010.06.07.

여백

    오늘은 가을볕이 참 좋다. 오랜만에 시간이 나서 2번 국도를 따라 산길을 넘어 바다를 지났다. 파란 하늘과, 깊은 초록 끝으로 단풍이 들고, 물색마저 깊어 가슴이 설렌다. 빈 들판에서 볏짚 태우는 냄새마저 그림이 된다. 언제나 이맘때가 참 좋다. 꼭꼭 여문 열매들을 거두어 갈무리하고, 버릴 것은 다시 땅으로 떨구어내고 새봄으로의 긴 여정을 준비하는 이맘때면 잘 견디어 낸 삼백예순한 날, 그 시간이 고맙다.

    가을은 소임을 다하고 말라가는 갈빛과, 시리디 시린 하늘빛, 따사로운 햇빛의 어울림이다. 깊어가는 가을 산길을 타박타박 걸었다. 나는 이맘때의 하늘 냄새와 바람 냄새가 참 좋다. 가을 끝자락, 마른 잎마저 다 떨구어 낸 나목들은 가을볕에 물들어 온통 황금빛이다. 그 황금빛 나목들은 하늘과 맞닿아 여백을 만든다. 산길을 오르며 그 빈자리에 많은 이야기를 적었다. 나의 이야기는 깊은 밤을 지나 새로 말을 걸어오려나? 지난봄, 돌멩이에 무너진 나의 탄식은, 어찌하여 당신은 나를 과녁으로 삼으셔서 침을 삼킬 동안도 놓지 않으시는지요? 근원적인 질문에 닿아서야 바닥을 차고 오른다.

    어스름이 내려 발걸음을 재촉하다 올려다본 하늘, 하늘빛이 옅어지고, 어둠이 내려 산이 드러나고 있다. 발가벗은 나목을 감싸며 산이 드러난다. 삼백예순한 날을 그렇게 견뎌왔구나. 다시 그렇게 견뎌야 하리. 또 그렇게 견디리.　　　　　　　　　　　　　　2010. 10. 15.

 기다림

　　며칠 내리 잠만 잤다. 생각으로 꽉 차서 터질 것 같을 땐, 휴지통을 비우듯 그렇게 긴 잠을 잔다. 긴 독백과 함께 잠에서 깰 즈음이면, 어찌할 수 없는 그리움만 남아 있다.

　　수많은 사람을 만나고 온 밤에
　　꼭 만나고 싶은 사람이 있다
　　무수한 어깨들 사이에서
　　무수한 눈길의 번뜩임 사이에서
　　더욱더 가슴 저미는 고독을 안고
　　시간의 변두리로 밀려나면
　　비로소 만나고 싶은 사람이 있다
　　수많은 사람 사이를 지나고
　　수많은 사람을 사랑해 버린 다음
　　비로소 만나야 할 사람

비로소 사랑해야 할 사람
이 긴 기다림은 무엇인가
바람 같은 목마름을 안고
모든 사람과 헤어진 다음
모든 사랑이 끝난 다음
비로소 사랑하고 싶은 사람이여
이 어쩔 수 없는 그리움이여

-문병란, <호수>

그리고 다시 기억하고 싶은 말,

젊다는 것은, 삶이 지금 같지는 않은 거라는 확신을 갖고 있을 때이다. 지금이 가장 힘든 때라는 믿음을 가지고 기꺼이 헤쳐 나가는 때... 모든 것이 별 이유도 없이 밝게 보이는 그런 희망의 시간.

전경린, 「그리고 삶은 나의 것이 되었다」中에서

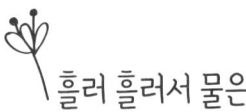 흘러 흘러서 묽은

올겨울 그리도 추웠건만, 꽃샘추위마저 그냥 지나치질 않는다. 다시 추워지면서 바람이 칼칼하다. 하지만 두꺼운 얼음장 밑으로 봄은

오고 있다. 여느 때처럼 병원 다녀오는 길, 설 명절을 앞둔 주말이라 고속도로는 한산했다. 덕분에 운전하는 내내 생각에 잠겼다. '이 길을 다닌 지도 세 번째 겨울을 지나는구나. 이 먼~길을 혼자서, 동행 하나 없이 다녔구나. 나도 참 독하다.'

> 흘러 흘러서 물은 어디로 가나~
> 물 따라 나도 가면서 물에게 물어본다.
> 건 듯 건 듯 동풍이 불어 새봄을 맞이했으니
> 졸졸졸 시내로 흘러 조약돌을 적시고
> 겨우내 낀 개구쟁이의 발 때를 벗기러 가지
> 흘러 흘러서 물은
>
> 　　　　　　　　　　안치환 노래 중에서

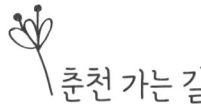
춘천 가는 길

　며칠 포근하던 날씨는 느닷없이 꽃샘추위와 함께 한여름처럼 폭우가 쏟아지고 진눈깨비로 변하더니 안개가 짙었다. 치료 후, 일산에서 요리치료사 교육을 마치고 내려오느라 해거름에 출발한 길은 폭우와 안개로 앞을 분간할 수가 없었다. 아직 마무리하지 못한 아이들 수업 때문에 진주로 내려가는 길이다. 일산에서 진주로 가는 길은 처음이라

온 신경을 집중했더니 대전을 지나 덕유산 휴게소에서는 멍해졌다. 이제 익숙한 길이라 안심이 되어 한 숨돌리며 휴게소에서 늦은 저녁을 먹고 잠깐 눈을 붙였다. 그렇게 집에 도착하니 새벽 1시가 조금 넘었다. 차에서 가방도 채 다 내려놓지 못하고 그냥 잠이 들었다.

춘천을 오가며 치료하는 일은 어느새 일상이 되었다. 이번엔 벼르던 요리치료사 과정을 이수하느라 주말엔 일산을 오가며 온종일 강의를 듣는 빡빡한 일정을 보냈다. 종아리가 심상치 않아 걱정하면서도 무리한 일정을 잘 해 낼 수 있었던 건, 주치의 선생님이 피부가 안정되었고 오랜만에 앞으로 나아가고 있으니 힘을 내자고 하셨기 때문이다.

1월까지 잘 듣던 치료법이 부작용을 일으켰고 그 이유를 찾아낼 수 없어 고민이었다. 다행히 새로 적용한 치료가 잘 맞아서 애를 먹이던 부위가 안정되고 피부색이 밝아지며 단단해졌다. 어렵사리 한 단계 올라가는 것 같다. 정말이지 작년 오월 이후, 그 지난至難한 시간을 넘어서는 것 같다. 여간해서 감정을 드러내지 않는 주치의 선생님이 뿌듯해하시니 얼마나 고마운 일인가?

며칠 전부터 으슬하더니 감기가 된통 걸렸다. 일산으로, 용인으로, 춘천을 오가느라 무리했나 보다. 깊은 잠에서 깨어, 아껴두었던 블루마운틴 갈아서 한 잔 마시니 기운이 난다. 정신이 번쩍 들도록 쓴맛이 오래오래 입안을 감돈다. 첫맛은 아주 시어 침이 고이더니 아주 아주 쓴 맛이 이어지고 그 쓴맛은 혀를 조이며 옅은 단맛과 함께 오래오래 여운을 남긴다.

이런 쓴맛이 좋다. 군더더기 없이 깔끔하고 잡생각을 멈추게 하는 쓴맛이 좋다. 어제 폭우 속을 운전해 오던 길을 생각했다. 춘천으로 올라가는 길은 대보름달이 환하였지만, 내려오는 길은 폭우가 내리고 비가 그치고는 밤안개가 짙었다.

  나에게 춘천 가는 길은 여행이라거나 낭만의 길은 아니다. 입원하려 새벽 일찍 출발할 때면 짙은 안개로 가슴을 졸이게 하고, 그 안개를 벗어나야 해가 뜨곤 했다. 사이드미러에 비치는 해는 처음엔 붉은 불덩어리에서, 점점 높이 오르며 부드럽고 따뜻한 주홍빛을 띠며 환하게 밝아진다. 아침 해는 언제나 힘을 준다. 그래서 가끔, 또는 오랫동안 좌절도 하지만, 나에게 춘천 가는 길은 꿈으로 가는 길이다.　　2011. 03. 02.

생기生氣

  진주를 다녀오는 길엔 개나리가 지천이며 벚꽃이 만발하였다. 노오란 개나리가 어찌 저리 고울까? 노랑의 찬란함이라니! 길고 길었던 3월을 잘 지냈다. 쉴 새 없이 밀려드는 새로움에 3월 한 달은 여느 해와 달리 두어 달을 살아낸 것 같다.

  용인에서 춘천 병원으로, 진주 우리 집으로 다니는 길이 일주일에 천 리 길이 족히 넘고, 십여 년 만에 읽어보는 전공 책과 저널들은 재밌지만 버겁다. 게다가 처음 해보는 요리치료 방과 후 학교까지. 그야말로 단내가 나도록 다니다 보니 살 빠졌다며 걱정도 듣고. 그렇게 새 학기를 즐기는 동안 물갈이로 손과 목이 홀라당 뒤집혀 주치의 선생님은 걱정과 한숨이 깊다. 하지만 난 예상했던 일이라 별 대수롭지 않아 하니 이해할 수 없으셨으리라.

난 아프리카에서도, 네팔에서도 멀쩡한데, 서울에서는 물갈이를 한다. 그것도 아주 심하게. 배가 아프다거나 그런 것이 아니라, 피부가 너무 건조하고 가려워서 손과 목이 너덜거린다고 할 만큼 상처가 심해진다. 다행히 이번엔 예전처럼 심하지 않았지만 내심 걱정이 되기도 했다. 여기서 계속 살아야 하기에.

아주아주 감사하게도 물갈이도 끝나고 회복되고 있다. 그리고 무엇보다 내가 생기로워졌다. 다들 목소리가 톡톡~톡, 방글거린단다. 얼마나 감사한 일인가! 이제 진주 우리 집으로 가려고 나서는 중이다. 울 엄니 맛난 거, 힘 나는 거 바리바리 차려놓고 기다리실 것이다.

2011.05.09.

평화

꽃 잔치가 벌어지고 꽃이 진 자리에는 연두빛 새잎들이 노래를 부르고 있다. 초록 바람이 꽃향기를 실어 나르는 눈이 부시도록 푸르른 날이다. 오월 들어 잠시 여유를 누린다. 마치 긴 항해를 마치고 부두에 정박한 배가 누리는 그런 휴식.

찬란한 봄날, 나는 아무도 빼앗지 못할, 아무에게도 양보하고 싶지 않은 평화를 즐기고 있다. 한동안 폭풍 속을 지나듯 몸과 맘이 바쁜 와중에 이렇게 평화로울 수 있는 '나 자신'이 대견하다.

겨우내 회복되었던 피부가 물갈이로 두어 달 애를 먹었다. 그렇게 애를 태우더니 이제 완전히 회복되었다. 어제 주치의 선생님이 장거리 운전으로 피부가 들뜨는 것이 현재 가장 큰 문제라고. 그럼에도 잘 버티고는 있지만, 일을 줄여야 하는 데 그럴 수도 없으니 어쩌냐고. 나 역시 동감하기에 아무 말도 할 수가 없었다. 용인에서 춘천으로, 진주로 운전하며 다니니 그 여파로 피부가 긴장하고 자칫 상처를 남기기도 하는 것 같다.

그러나 감사한 것은, 물갈이로 엉망이 된 손을 치료하는 와중에 침이 효과를 발하여 발가락이 다 펴진다는 것이다. 보통 사람들이야 그 말이 무슨 말인지 모르겠지만, 나 같이 '특별한 사람'은 지금 기적을 보고 있다. 수포성표피박리증 환자들은 상처가 생기고 수포가 벗겨지면서 점막끼리 붙어버리기 때문에 이영양성 이상에서는 손과 발의 변형이 아주 심하다. 가장 흔하고, 초기에 생기는 것이 손발가락 사이 피부막이 서로 붙어버리고 위축이 심해진다. 그래서 손과 발이 오그라들 뿐만 아니라 오리발처럼 되어 여간 불편한 게 아니다. 나 역시 정도가 심해서 오른 손가락은 피부 이식을 두 번 했다. 하지만 별 소용이 없었다. 그러던 것이 점막이 살아나면서 손가락이 펴지더니, 발바닥에 지문이 생기고 발가락이 펴지기 시작했다. 그렇게 발바닥 전체에 지문이 다 살아나고 이제 발가락도 모두 펴진다. 그래서 친구 앞에서 기적이라며 발가락을 쫙~ 펴 보여줬다. "이렇게 발가락이 펴지는 건 홍해가 갈라지는 것과 같은 거야!"라며.

피부 위축이 사라지면서 손과 발에 지문이 생겨났다. 발바닥은 지문이 완전히 드러나 미끄러지지도, 넘어지지도 않는다. 다치거나 넘어질까 늘 긴장으로 어깨가 짓눌리지도, 편두통도 없다. 작은, 아주 사소한 지문이 이렇게 대단하다는 것에 새삼 놀랍기도 하면서, 속내는 씁쓸하기도 하고, 처연해지기도 하지만, 감사한 마음이 더 크다. 그래서 지금 나는 평화롭다. 이 평화를 늘 누리는 내가 되길 더욱 기도드린다.

2011.06.10.

맨발

언제부터인가 양말 신은 발이 갑갑해지더니 올여름엔 맨발로 다닌 날이 많다. 맨발로 운전을 하고. 맨발로 샌들을 신고.

내가 젤 좋아하는 신발이 있다. 88년 여름, 가끔 들러 구경만 하던 가게 앞을 지나다 꽂혀서는 며칠을 벼르는 사이 다른 사람에게 갈까 보아 가슴을 졸이기까지 하였더랬다.

샌들이 넘 이뻐서 여름이면 어울리지 않지만, 양말을 신고 샌들을 신었다. 여름을 수없이 보내는 동안 늘 맨발로 신고 싶었다. 그랬다. 그렇게 꿈으로만 남겨놓았던 맨발이다. 이제 드레싱을 하고도 피가 배어 나와 길을 가다가도 양말을 갈아 신곤 하던 나의 두 발을 맘 놓고 내놓을 수 있다.

2011.08.24.

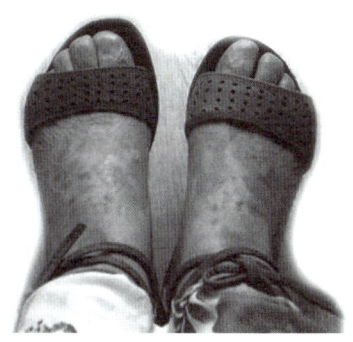

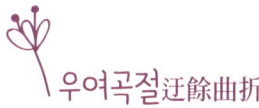 우여곡절迂餘曲折

    우여곡절을 거듭하며 등이 나아가고 있다. 상처가 심한 것과 고질인 것은 차이가 있다. 심한 부위는 어렵더라도 치료가 되고, 전신반응에 미치는 영향이 덜하지만, 고질적인 상처는 결과적으로 치료를 방해한다. 그동안 치료를 통해 고질적이던 복숭아뼈 주변과 걸을 때 발가락이 접히는 주변, 명치, 목덜미가 회복되었다.

    그 와중에도 꿈쩍 않던 등 상처는, 어깻죽지 사이 두 손바닥만 한 크기였다. 목에서부터 명치까지 상처가 수년 동안 낫지 않아 애를 먹었다. 그러다 얼마 전 목이 완전히 나아서 등 상처도 나으려니 했는데 도무지 꿈쩍도 하지 않는다.

    등에 난 상처는 10여 년도 넘어 언제 어떻게 시작되었는지도 기억나지 않는다. 상처는 언제나 커다란 수포와 함께 홀랑 벗겨지기를 반복하며, 농과 피수포를 동반하여 하루에 두어 번 드레싱을 해야 하기도 했다. 한약으로 치료를 하는 동안도 깨끗하게 나았다가 하루 만에 다시 손바닥만 한 수포가 생겨 얼마나 애를 태웠는지 모른다. 오죽하면 누워 잠자는 게 두려울 만큼 그렇게 고통스러웠다. 그리고 작년부터 반복되는 위장 장애도 고질적인 상처와 연관이 있는 것 같다.

여름을 지나 9월부터 체질 침과 함께 상처 부위에 직접 침을 놓아보기로 했다. 등은 침이 들어가지 않을 만큼의 상태로 다른 피부와 비교하면 두 배 이상 낮은 단계였다. 그래서 한동안 비명을 지르고, 지혈이 안 되어 피를 꽤 흘렸다. 여느 때처럼 열흘 여는 고통의 시간이었다. 전진과 후퇴를 반복하며 3주가 지나면서 조금씩 나아졌다. 이제 상처 부위는 손바닥 하나 정도로 줄어들었고, 매일 드레싱을 하지 않아도 될 만큼 아물었다.

치료하는 동안 지금까지와는 다른 양상을 보였는데, 침을 놓을 때의 고통은 말할 것도 없고, 침을 맞고 나면 씨름을 한 듯 온몸이 아팠다. 가슴이 쓰리고 아파서 침을 삼키면 굵은 소금으로 식도를 긁어내는 것 같았다. 등은 화살이 후두둑 날아와 꽂히는 것 같은 통증이 수시로 일어났고, 힘이 쭉 빠지면서 어지러운 통에 도무지 무엇을 집중할 수가 없었다. 겨우 아물어가던 오른 정강이에 농수포가 생겨 통증이 심했다. 더욱 힘들었던 것은 이 모든 부작용이 한꺼번에 반복하며 일어나니 죽을 맛이었다.

지난 일주일 동안 부작용이 없어 이제 나았나보다 했다. 그러더니 며칠 전부터 부작용이 다시 시작이다. 생각해 보니 이렇게 거부 반응이 두어 번 반복이다. 무엇보다 피부를 단단하게 하여 1년여를 써 오던 약이 오히려 피부를 무르게 하니 도대체 이 병의 정체는 무엇인지 도무지 종잡을 수가 없다는 사실을 다시 한번 확인했다. 2011. 10. 30.

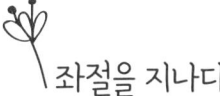
좌절을 지나다

어느새 12월도 훌쩍 지났다. 어김없이 오고 가는 세월이 야속하기도 하지만, 머물지도, 되돌아가지 않고 앞으로 나아가는 '시간'이 고맙기도 하다. 피부 상태가 정체되어 애를 태우더니 새로 시도하고 있는 전기 침이 힘을 내어 요지부동으로 꼼짝하지 않던 부위에 침이 들어가기 시작하며 조금씩 진전을 하고 있다. 일단 침이 들어가면 새 살이 돋는 회복을 기대할 수 있다. 덕분에 침 맞는 것도 덜 고통스럽다.

상처 부위에 침을 놓고 전기 자극을 주는 전기 침을 시작한 지 4주 정도 되었다. 지난주부터는 체력이 떨어져 주 1회 치료하고 있다. 침을 빼고 나면 늘씬 두드려 맞은 듯 늘어지면서 도무지 몸을 주체할 수가 없다. 그렇게 이틀여를 해롱거리다 또 치료를 받으니 몸이 배겨내질 못한 것이다. 그러나 다행히 지난주부터는 회복속도가 빨라지고 있어 한결 가볍다.

여름을 지나면서 주치의 선생님이 '상처가 하나도 없는 것'을 올해 목표로 하자고 하셨다. 간절히 원하는 만큼, 또 그만큼 아득한 일이라 여겼다. 이제는 조금 더 그 목표에 가까워지는 것 같다. 겨우 보름여 남은 동안 얼마나 더 나아질지 모르지만 기대가 생긴다.

시작이 반이라더니 4학기 중 절반 2학기를 잘 마무리했다. 그저 감사할 뿐. 2학기 동안 구토가 날 만큼 병원을 오가는 일이 지겨웠다. 그 힘겨움도 지나고 마음이 놓여서일까 감기로 쿨럭거리고 있다.

2011. 12. 15.

주절주절

며칠 짬이 나서 낼 입원하기로 했다. 가방 챙기고 청소하다 잠을 놓쳐버렸다. 방을 닦다가 침대 기둥에 부딪히고, 옷장 모서리에 머리를 찧었다. 생각이 많아 어수선하면 꼭 머리를 찧곤 한다. 소풍 가기 전날처럼 설레기도 하고, 낼 아침 비가 올까 걱정되는 마음으로 어수선하다.

한동안 병원을 오가는 일이 너무 지겨웠다. 난들 무쇠가 아니니 병원 오가는 일이 지겨울 법도 한데, 가끔 찾아드는 그런 것과 다르게 그냥 그만두어 버릴 것 같아 당혹스러웠다. 그 지겨움을 겨우 지나고 등이 좋아지고 있어 며칠이라도 집중치료를 해 보려 한다.

오늘 배달 온 커피를 내렸다. 어쩌면 어찌 이리 향긋한가(인도 마이소르)! 방금 딴 오렌지를 베어 문 것 같은 상큼한 신맛과 달콤함, 여운을 남기는 깔끔한 쓴맛이 꿀꿀 한 마음을 녹여버린다. 이맘때쯤 튀니지에 가면 이렇게 맛있는 오렌지를 먹을 수 있다(아~그립다). 지중해의 따사로운 해를 등에 지고 해변에 앉아 하늘을 보면 햇살이 살랑거리며 말을 걸어온다. 그 지절거림과 새소리가 들려온다. 이리 작은 콩알 하나에서 어찌 이리 예쁜 향과 맛이 풍겨 나오는 걸까? 향에 취해버렸다. 추억도 함께. 와인쟁이들이 이런 재미로 와인에 푹~ 빠지나보다.

다음 주까지 제출해야 하는 레포트를 병원 가서 마저 하려고 노트북도 챙겨 넣는다. 그만 자자! 내일 비도 안 내릴 것이며, 소풍은 즐거울 거야!

2011. 12. 21.

그냥... 지금을 사는 거야

비가 하도 조용히 내려 비가 오는지도 몰랐다. 강의실까지 가까운 길이라 우산 없이 천천히 걷는데 전동휠체어에 몸을 싣고 비를 홀딱 맞고 가는 어느 여학생을 보았다. 두 손이 다 불편하여 우산을 들 수 없나 보다. 언덕을 올라 한참 가야 할 텐데…

가끔 오디션 프로그램에서 '살아남으려' 애쓰는 모습을 한참 보다 보면 내가 기운이 빠진다. 워낙 경쟁하거나 경쟁하는 걸 못 보는 성미라. 그럼에도 오디션 프로그램을 보는 이유는 그들의 멘토들을 보기 위해서다. 원석을 다듬는 그들. 혼신을 다하여 보석으로 다듬어지는 걸 보면 뭉클해진다. 하지만 '생존survival'이란 말이 아프다. 살아남으려 애쓰기보다는 그냥... 지금을 살고 싶다.

  2월 마지막 날 침을 맞을 때 거의 통증이 없었다. 지난 늦여름부터 지금까지 침을 맞을 때마다 신음을 참을 수 없어 늘 비명을 질렀다. 지난주 입원 치료하며 시작한 새로운 침이 꿈쩍 않던 등 상처를 움직여 주었다. 덕분에 나는 손가락 까닥거릴 힘도 없다.

  모든 게 다 소진되었다?
  좋다.
  그렇다면 이제 살기 시작하자.

까뮈, 「작가수첩」 中에서

  이즈음 햇볕이 따스한 양지에는 여린 연두빛 새순이 돋고, 버들강아지는 물이 오른다.   2012. 03. 03.

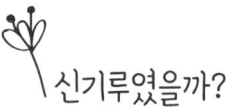

신기루였을까?

  3월부터 주치의 선생님의 사정이 여의치 않아 치료를 쉬고 있다. 그 와중에 부작용으로 한 달여를 통증을 참느라 힘이 하나도 없다. 주치의 선생님이 병원을 옮겨야 할 사정이 생겨 새 병원으로 옮기는 동안 치료를 쉬어야 했다. 이 또한 희귀질환자들의 현실이다. 치료나 연구에 전념하던 사람이 그만두면 대안이 없다.

　신기루였을까? 지난 5년여 동안, 진주에서 춘천으로, 용인에서 춘천으로 혼자 오가던 그 먼 길. 참으로 지리멸렬한 시간도 지나왔고, 고속도로를 달리다 문득문득 운전대를 놓아버리고 싶은 충동은 얼마였는지.

　누구에게라도 언제라도 일어날 수 있는 일이라 누굴 탓할 수도 없는 노릇이지만 나에게는 선택할 여지가 없다. 그저 못내 아쉬울 뿐. 내가 할 수 있는 건, '합력하여 선을 이루시는 하나님'을 의지하며 지금 이 오리무중의 시간을 견디는 것뿐이다. 누구라도 그렇겠지만 내게 가장 힘든 건 명확하지 않은 상황을 견디는 것이다. 그래서 어쩌면 이런 숙제가 주어진 걸까?

　지난 주말엔, 읽기 장애를 가진 아이를 상담하였다. 그 아이 엄마는 예전부터 알고 지내는 사이라 상담비를 받지도 않고 2시간여 이야기를 나누었다. 그 시간 내내 울컥울컥 치미는 그 무엇을 견디느라 진땀이 흘렀다. 그 엄마가 그랬다. "처음 진단을 받고는 아이에게 아무것도 해줄 게 없어 막막했는데, 선생님 이야기를 들으니 내가 할 수 있는 게 많네요. 이제야 우리 아이 행동이나 의사 선생님 이야기가 이해돼요."

　나는 오리무중 속에서 어디에 발을 두어야 할지 모르겠는데, 그 아이 엄마에게는 하나하나 답을 풀어주고 있는 내가 참 처연했다. 쓸쓸하다. 어떻게 될지 알 수 없지만, 이 또한 지나가겠지? 이제껏 그랬던 것처럼. 그리고, 살아가겠지? 그런데, 그런데, 못내 아쉽다.

2012.04.25.

이제 안정되다

평온한 일상이다. 내 안에서는 이런저런 갈등이 부대끼고 있음에도 불구하고. 평정을 유지하고 있어 대견하다. 부침이 많았던 몸은 이제 안정을 찾은 듯 여물어가고 있다. 아직 마음을 놓을 순 없지만, 피부가 안정을 찾은듯하다.

운전하기가 싫어 지하철을 타고 병원을 다니는데 냉방병인지 머리가 지끈거리고 콧물이 흐른다. 두꺼운 후드티를 가지고 다니며 에어컨 바람을 피하는데도 역부족이다. 머리 위에서 쏟아지는 냉기가 더 세다.

지금 다니는 병원이 암 전문병원이라 화급을 다투는 환자들을 보면, 산다는 게 고苦라는 말이 자주 떠오른다. 어쩌면 고孤라는 말이 더 맞는 말일지도 모르겠다. 수없이 들끓는 생각 속에서 고요한 지금 이 마음이 더 깊어지길 기도한다.

올봄, 주치의 선생님 사정으로 진료를 쉬는 동안 갑작스런 부작용으로 패닉 상태였다. 다시 치료를 시작하여 한 달여를 고생하다 몸과 마음이 드디어 안정을 찾았다. 지난주부터 침을 깊이 꽂아도 견딜만하더니, 그저께까지 병원 다녀오면 온몸이 두드려 맞은 듯 널브러지곤 했는데, 오늘은 별로 힘들지 않으니 회복되고 있나 보다. 무엇보다, 그렇게 질기게 애를 먹이던 등이 다른 피부만큼 회복된 것이다. 고질적으로 애를 먹이는 등은 다른 피부 상태보다 2~3배 정도 낮은 상태에다 전체적인 회복에 걸림돌이면서 어떤 방법에도 요지부동이었다. 그리고 부작용이 만만치 않았다. 집중치료 시작한 지 1년 만이다. 주치의 선생님과 함께 기어이 해냈다.   2012.07.27.

스타일북을 읽다

　오늘처럼 센 바람은 처음인 것 같다. 올해 여름 드라마틱한 날씨만큼 나의 삶도 드라마틱했다. 어제는 누군가에게 "사는 게 지겨워, 지겹다구!" 소리치다 깨어보니 꿈이었다. 한여름을 지나면서 '지금 이 여름날은 어떻게 추억할까?' 하는 생각이 든다. 고질적인 부위가 회복되면서 열흘 여 지독한 부작용을 겪었다. 등과 종아리를 제외하고 얼굴부터 목, 팔, 허벅지가 홀라당 벗겨져 따갑고, 쓰리고, 화끈거린다. 이제 아물어가는 흔적들을 보면서 '참 지겹다!'는 말이 새어 나온다.
　미루고 미루고 미뤄뒀던 치아 치료를 시작했다. 교수님 소개로 찾아간 치과는 나의 '특수성'을 잘 이해하고 받아주어 편하게 치료를 받고 있다. 치료가 너무 늦은 데다 고려해야 할 것이 많아 오래 걸리겠다며 세심하게 챙겨 주는 치과 원장님이 얼마나 고마운지.
　다행인 것은 걱정과 달리 발치한 상처가 그리 힘들지 않게 잘 아물었다. 출혈도 별로 없어 얼마나 다행인지 모르겠다. 덕분에 지금 보름째 죽으로 연명하고 있다. 조만간 죽 끓이는 달인이 될 듯하다.
　개강을 준비하면서 스타일북을 읽고 있다. 워낙 색치인데다(그나마 그림 그리며 색감은 쫌 늘었다), 스타일러스한 것과는 거리가 멀어 가끔 멋

쟁이신 지도교수님과 함께하는 때면 옷차림에 신경이 쓰이곤 한다.

무엇보다 이제 옷을 편하게 입을 수 있을 만큼 회복되었기에 멋 부리고 싶은 마음이 생긴 것이다. 멋을 내고 싶은 마음과, 사는 게 지겨운 마음이 지금 태풍처럼 내 안에서 요동치고 있다. 2012.08.29.

Resilience

지도교수님과 이번 학기 연구주제를 '탄력성resilience'으로 정하였다. 석사 시절부터 연구하고 싶었던 주제라 반갑다. 탄력성이란 '생리적이거나 심리적 위험요인에 직면했을 때 어려움을 극복하고 환경에 적응하는 능력으로, 유연성, 심리적 건강성'이라는 말로 표현하기도 한다. 한마디로 '마음의 근육'을 말한다.

주치의 선생님이 경남 양산으로 병원을 옮기게 되어 지난주 처음 진료를 다녀왔다. 주치의 선생님이 무엇보다 연구와 진료에 전념할 수 있어 다행이고, 진주 가는 길에 들르면 되어 울 엄마가 더 기뻐하신다.

초여름 어느 날, '바다가 그리워…'라며 중얼거렸다. 그즈음 주치의 선생님이 양산으로 옮기게 되었다는 소식을 듣고는 십수 년 전 친구와 기장 어느 바닷가에서 밤을 새우며 이야기를 나누었던 추억으로 잠시 현기증이 났다.

병원으로 가는 길은 마치 '나에게로의 여행' 같았다. 구미, 대구를 지나 부산, 양산으로. 젊은 날 아프게 아프게 살아온 곳을 다 거쳐서 병원에 닿는다. 하나 같이 내 가슴에 피멍으로 남아 있는 곳이라 그런지 이정표를 지날 때마다 가슴이 시리다.

　진료를 받고, 친구네에서 밤새 수다를 떨면서도 가슴에서는 지난 기억들이 아우성이었다. 한 달 만에 다시 시작하는 침은 효과가 즉각적이었다. 눈이 조금 이상하여 검사를 했는데 각막 검사에서 '아주 좋은 상태'를 확인하여 안심하고, 오장육부 검사에서는 신장 기능이 조금 안 좋은 상태일 뿐 양호하단다. 그래서 참 다행이다.

　한편으로는 참 씁쓸하다. 이렇게 멀리멀리 다녀야 하나…… 그렇게 병원을 다녀와 지도교수님에게서 이번 학기 연구주제로 '탄력성'을 듣고는 전율이 일었다. '더 깊은 하나님의 작정'으로 만만치 않을 것이라는 듯, '더 깊은 울음으로 채워질지도 모르는 길'일 듯.　　2012.09.21.

살다 보면

　가을볕이 좋은 날이다. 2학기부터 서울시 교육청과 진행 중인 프로젝트로 이대를 다니고 있다. 더 복잡해진 이대역. 아찔하도록 높은 에스컬레이트를 마주하고 순간 소름이 돋았다. 일을 마치고, 학교를 가로질러 후문을 지나 고풍스러운 카페에서 커피를 주문하고, 소파에 깊숙이 들어앉아 숨을 가다듬었다.

창 너머로 세브란스 병원과 마주 보이는 굴다리에는 세렌디피티가 어지럽다. '아~ 20여 년을 돌아와 나는 이 길을 무심하게 걷고 있구나!' 내 꿈을 하나씩 포기해야 했던 그 젊은 날의 그 자리. '포기'란 말을 차마 할 수 없어 '방향을 잠시 바꾸는 거야!'라며 나를 다독였지. 독립하려고 작정하고 내디딘 발걸음. 처음 내디딘 집 밖 세상은 한 달이 채 되기 전, 물리적인 환경에 나약하기 그지없는 나를 그대로 보여주었다.

그 무렵 어느 토요일 오후 한 시. 2호선 잠실역에서 느꼈던 공포는 아직도 생생하다. 사람들이 촘촘히 박여 있는 그 사이에 나도 박혀있으면서 발이 바닥에 닿지 않아 떠밀렸다. 다시 지하철 안으로 떠밀려서는 정신을 잃을까 더 불안하였다. 겨우 집에 도착하여 그대로 쓰러져버린 나는 하루가 지나서야 정신을 차릴 수 있었다. 만신창이가 된 몸은 회복하는 데 두어 달이 걸렸다.

지도교수님이 "서울시 교육청과 프로그램 진행 중인데 함께 해 주실 수 있으세요? 일주일에 두어 시간이면 되는 일이예요."라며 시작된 일은, 천호동에서 이대를 오가는 일이었다. 처음 멘토링을 하러 천호동으로 아이를 만나러 가는 날, 환승을 하러 내린 역이 잠실역이었다. 지하철을 기다리다 '아! 여기가 잠실역이지?' 저 깊은 곳에 숨어 있던 공포가 다시 살아날까 보아 심호흡을 했다. 다행히 아무렇지도 않게 잠실역을 지났.

이번 학기에 하나님은 병원을 오가는 길에서부터 '더 이상 아프고 상처받을 것이 없을 때까지 아픔과 상처를 주시기로 작정하신 것' 같다. 가장 젊은 날, 그 푸르렀던 날에 삼켜야 했던 아픔에 새 살을 돋게 하시려는가 보다. 한바탕 큰 폭풍이 지나고 나면 바다가 새로워지고, 묵은 밭을 깊게 갈아엎어 씨앗을 심듯. 그렇게 지금 나는 큰 폭풍을 지나고 있다.   2012. 10. 03.

 탈진

　가을 내내 끙끙 앓으며 병원을 오가는 동안 가을이 가고 겨울이다. 치아 치료를 시작하고 발치 후 잘 회복되어 마음을 놓았는데 두 달 동안 체중이 7kg 빠지고, 겨우 버티던 몸이 잇몸 수술을 하고는 탈진해 버렸다. 멀쩡하던 두 팔이 온통 상처투성이에다 비립종이 생기고, 팔과 다리 관절구축이 오고, 땀이 나질 않아 심상찮음을 느끼고는 주치의 선생님께 연락하여 비몽사몽 간으로 입원을 했다.
　어찌나 통증이 심하고 아프던지 밥조차 먹을 수가 없었다. 입원 치료를 받는 동안 처음으로 식사를 걸렀다. 다행히 새로운 약과 침 치료로 사흘째 되던 날 안정이 되어 침대에서 일어날 수가 있었다. 그제서야 배가 고팠다. 이모가 끓여온 전복죽으로 기운을 차렸다. 급한 불을 끄고 졸업시험이 있어 퇴원했다. 시험 치고 지도교수님과 의논하여 다시 입원하여 열흘 동안 치료를 받았다.
　하루 세 번 침 치료, 약물치료를 하면서 근치를 향한 새로운 길도 모색하였다. 다행히 새살이 돋고 아물기 시작하였다. 아직 일상생활이 버겁기는 하지만 학기 중이라 퇴원을 하고 집으로 돌아왔다. 멀쩡하게 잘 지내다 관절구축과 무지막지한 통증, 탈진을 겪으니 도무지 견딜 수가 없었다. 처음엔 도대체 이유가 무엇인지 알 수가 없어 공포가 몰려왔다. 몸을 추스리며 그 이유를 찾아보니 치과에서 발치와 신경치료, 잇몸 수술을 하면서 쓴 마취제가 문제였다. 바로 스테로이드 성분이었던 것. 이유를 찾고서야 안심은 하였지만, 스테로이드 부작용이 이렇게 무서울 줄이야.

치료가 잘되어 안정은 되어 가지만 회복을 하기에는 시간이 오래 걸릴 것 같다. 관절이 굳어 무릎이 펴지질 않으니 10분 정도 걸으면 더 걷기가 힘들고 계단을 걸어 오르면 온몸이 땀 범벅이다. 그래도 살만하니 이제는 몸 추슬러 학기를 잘 마무리해야겠다. 그 와중에 박사과정 마지막 학기다.

2012. 11. 22.

목숨

눈이 내리더니 꽁꽁 얼어버렸다. 덕분에 이틀째 방콕 중이다. 방 청소를 하다 큰맘 먹고 걸레질을 했다. 손바닥만 한 방을 걸레질하는데도 마음을 먹어야 할 만큼 소진된 체력. 구석진 곳 먼지까지는 닦아낼 기력이 없어 참기로 하고. 몸도 맘도 고갈되어서인지, 마음이 급해서인지, 회복이 더뎌 견디기가 버겁다. 퇴원하고도 우선 급한 것만 겨우 겨우 처리하고 나머지 시간은 누워 지냈다. 이제 마음을 추스려야 하는데 도무지 어쩌지를 못하겠다.

  지난 두 달은 참 혹독했다. 또다시 폐허 같은 몸을 보아야 하고, 새롭게 시도하는 약물치료는 통증을 수반하는 것이었기에 너무 힘겨웠다. 부작용과 싸움이기에 아침, 점심, 저녁때마다 피부 상태를 보아가며 처방을 바꾸기도 하고, 약의 양을 조절해야 하기도 했다. 밤이면 38.6도까지 열이 오르면서 피부밑에서 바늘이 뚫고 올라오는 것 같은 예리한 통증이 머리에서부터 발끝까지 엄습해 왔다. 온몸의 세포 하나하나가 곤두서는 것 같은데 약이 효과를 내느라 생기는 통증이라니 고스란히 견뎌야 했다. 새벽녘 통증이 가라앉으면서 씻은 듯이 열이 내리고 그제야 두어 시간 눈을 붙였다. 무지막지한 열과 통증은 사흘째 밤을 고비로 조금씩 줄어들었지만, 저녁이 되고 열이 오를라치면 공포가 밀려왔다.

  고비를 넘기면서 조금 살만해져서인지 목숨이 참 질기다는 생각이 들었다. 어른들이 그랬지. '질긴 게 목숨'이라고. 너무 아파서 무슨 정신으로 병원까지 운전하고 왔는지 모르겠다. 온 힘을 다해 운전하면서도 한편으로는 사고라도 나서 끝나버렸으면 하는 생각을 했다. 그런데, 차들이 나를 비켜 가는 게 아닌가! 이 질긴 목숨은 언제까지 부지해야 하는 걸까?   2012.12.07.

 새해에는

    오고 가는 삼백예순 날 여느 날과 다를 바 없는 일상을 보내고 있다. 새로 처방받은 약은 통증도 없고, 별 부작용 없이 치료되고 있다. 3~4일을 주기로 심하진 않아도 산발적인 통증과 함께 후퇴와 진전을 반복하면서 상처가 아물고 살이 단단해지고 있다. 아직 다리가 완전히 펴지질 않아 걷는 것이 힘들지만, 체중도 조금 늘고, 체력도 거의 회복된 것 같다.

    밀린 일 하나씩 챙겨가며 연말을 지냈다. 길고 힘들었던 날을 잘 견디며 또 한 해를 살아냈다. 넘어지고 엎어지면서, 피멍이 들도록 무르팍에 힘을 주어도 일어설 수 없던 날, 그런 날이 끝날 것 같지 않아 막막하기만 하던 날, 온 힘을 다하여 달렸는데 막다른 골목이던 날, 그저 막막해서 눈물조차 흐르지 않던 그런 날을 지나 새해를 맞는다.

    언제 그랬냐는 듯 새 살이 돋는 것조차 허탈하던 날에, 조용히 나를 다독이시는 손길에 마음이 한 겹 벗겨지면서 '내 인생이 환자로 끝나지 않을 거야!'라며 다른 환자들과 나를 구별하고 있는 완고함을 보았다. 고통의 시간을 지나면서 나 자신에게 더 정직하길 기다리셨나 보다. 지난 한 해는 어찌하여도 되돌아가는 '환자'라는 '나 자신'을 직시하며 절망하였다. 이제 그 절망을 딛고 도약하고 싶다. 여전히 현실은 팍팍하고, 형편도 말이 아니지만, 새해에는 몸과 맘이 성숙하는 새날이길 기대한다.

2013. 01. 09.

아! 지겹다

보름 동안 치료하고 돌아와 가방도 풀지 않고 잠이 들었다. 이틀 동안 청소하고, 가방 풀어 빨래하고, 어제는 몸살도 하고. 예배드리고 와서는 뜨거운 유자차 한 잔 만들어 앉았다.

바깥의 추위와는 상관없이 햇살 가득한 창가는 따스하다. 이번엔 치료받는 내내 가슴이 먹먹하고 힘겨웠다. 피부가 회복되고도 다리가 펴지질 않아 걱정이었다. 예상했던 대로 햄스트링hamstring이 굳어져서 다리가 펴지질 않는 것이었다. 햄스트링 치료와 체질침도 단계를 높여 체력이 달리기도 하였지만, 불쑥불쑥 치미는 울화를 견디느라 진이 빠졌다. 햄스트링은 이렇게 멀리 다니지 않고 동네에서 치료받을 수 있었다면 이 지경이 되지는 않았을 일이었다.

이모도 다녀가고, 친구도 다녀가고, 병실 식구들과 늘어지게 수다를 떨면서도 마음 한편에서 치밀어 오르는 그 무엇을 어쩌지 못했다. 힘겨웠던 만큼 햄스트링도 거의 풀리고, 피부도 훨 좋아졌는데도 돌아오는 길이 너무 멀었다. 안개비가 부슬부슬 내리는 고속도로를 달리면서 가드레일을 들이받아 버리고 싶었다. 먼 길을 오가는 것, 침을 맞는 것도 지겹다. 이 노릇을 어쩌면 좋은가? 2013.01.28.

새움이 돋고 있다.

입춘이 머지않아서일까? 2월 첫날, 장대비가 내리는데도 별로 춥지가 않다. 약속이 미루어지는 바람에 치과를 다녀왔다. 치과 의자에 누워 멍하니 창밖을 보는데 나뭇가지에 조롱조롱 새움이 돋아 있다.

죽은 듯 겨울잠 자던 나무. 이제 참았던 숨을 토하며 기지개를 켜고 있다. 긴 겨울을 견디는 동안 새싹을 틔울 힘을 기르고 있었나 보다. 그저께는 1월 멘토 활동 마무리하느라고 천호동에서 신촌을 왕복하고, 새로 시작하는 아이한테 다녀오니 저녁 8시였다. 12시에 집에서 나갔으니 하루 노동 시간을 다 채운 셈이다. 그리 피곤하지 않은 걸 보면 체력은 완전히 회복된 것 같다. 다행이다. 이대로 별일 없기를. 다시 기운을 내야지 하면서도 쉽지가 않다. 새봄이 오듯 그렇게 내 마음에도 새 기운이 일어나기를.   2013. 02. 02.

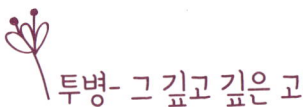
투병- 그 깊고 깊은 고독

따사로운 햇볕과 포슬한 땅 기운이 이제 봄이란다. 아직 완전하지 않은 햄스트링 치료하러 한 달 만에 다시 입원하여 치료 중이다. 지난번 퇴원 후 처방받은 약이 효과가 좋아서 피부가 아주 양호하다. 새 살이 돋고 단단해지면서 피부 결이 고와지고 윤이 난다. 주치의 선생님은 다행이라며 맘 놓으시고, 담당의 선생님은 깜짝 놀랐단다. 입원한 지 나흘째, 아침과 낮엔 허리부터 종아리까지 장침長針으로 맞고, 저녁엔 체질침 6단계. 피부 상태가 나아져 수월하긴 하지만 기운이 달린다.

다리도 훨 유연해지고, 통증도 없어 병원 여기저기를 돌아 댕기고 있다. 햇볕이 하 좋아 벤취에 앉았다. 아~ 이 찬란한 햇살을 보는구나. 도무지 끝이 보이지 않아 막막하던 날을 보내고 그 먹먹한 순간을 지나 지금 이 햇살과 함께 평화롭다.

지난 가을과 겨울. 어찌해도 피할 길 없는 고통을 오롯이 견뎌야 했기에 그 지독한 날은 깊고, 깊고, 깊고 깊은 고독의 날이었다.

하늘에 무슨 슬픈 일이 있어서
또 누구의 서러운 죽음 있어서
저리도 눈물마저 단단해져서
배추밭에 우박으로 쏟아지는가.
나는 퍽퍽 구멍 뚫리는 배추 잎이 되어
쏟아지는 우박마다 껴안고 나뒹군다.
하늘에 계신 누님의 눈물 같아서
하늘에 계신 어머님의 눈물 같아서
온몸이 아프도록
온몸에 구멍이 숭숭 뚫리도록.

- 정호승. <우박>

시인은 어떻게 알았을까? 슬픔이 진盡 하면 눈물마저 돌처럼 단단해진다는 걸. 하지만 구멍이 퍽퍽 뚫리도록 맨몸으로 껴안고 나뒹구시며, 단 한 순간도 놓치지 않고 간섭하시는 그 손길을 알고서야 평화를 찾았다.

지금 복용 중인 약은 근치를 목표로 하고 있다. 그래서 약효가 좋은 만큼 그 부작용 역시 버라이어티하다. 그리고 또 어떤 부작용이 얼마나 더 있을지 모를 일이다. 완치에 이르지 못할지라도 그저 난 잘 다독이며 욕심부리지 않고 천천히, 쉼 없이 가야 하는 길. 단지 바라기는 지금 이 평화를 놓치지 않고 한 걸음 한 걸음 내딛기를 바랄 뿐이다.

2013. 02. 23.

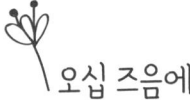

오십 즈음에

오십 즈음이면 옛 친구들이 그립고 보고 싶어지나 보다. 앞만 보고 달려온 인생에서 호흡 한 번 가다듬으며 바둥거리며 지나온 청춘에 미안하기도 하고, 젊은 날에 꿈꾸던 미래와는 돌이킬 수 없이 멀리 와 버린 지금 현실에 회한도 느끼고, 그 쓸쓸한 뒤안길에 문득, 함께했던 친구들이 있었다는 생각이 들며 그 친구들이 그립고, 보고 싶은가 보다.

그 친구들을 만났다. 다들 건재함에 서로 고맙고, 대학 졸업 후 처음 만나면서도 어제도 만난 듯 세월이 저만큼 비켜 있었다. 아마도 가장 젊었던 날을 함께 했기 때문이리라.

"네 눈빛은 여전하구나!" 친구 말에 위로를 받는다. 지금 폭풍처럼 들끓는 인생살이가 내 영혼을 위협하지는 않는가 보다. 감사하다. 심야버스를 타고 오는 동안 참 많은 생각이 들었다. 옛 얼굴 그대로이지만 주름이 깊어진 우리의 초상. 다시 돌아갈 수도, 굳이 돌아가고 싶지도 않은 그 시절이지만, 함께 지내온 너희들을 떠올릴 수 있어 고맙다. 그래, 그렇지! 함께 어깨 겯고 지낸 친구들이 있지. 이제 외로울 때면 너희들이 나에게 위로가 되어 주겠지? 나 역시 너희들에게 작은 위로가 된다면 더없이 고마울 거야. 2013.03.29.

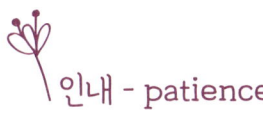

인내 - patience

책상 위 성품 달력에 적혀 있길 '인내는 기한을 정하지 않고 어려운 상황을 받아들이는 것'이란다. 이해하고도 남을 말이다. 수긍할 수도 있는 말이다. 하지만 그 하루하루를 살아내기는 가혹하다. '하나님 아버지! 오십 년 세월이 모자라나요?' 따지고 싶다.

어느 시인의 말처럼 '참을 인忍은 가슴에 돋는 칼로 슬픔을 자르는' 순간순간의 연속이다. 남아 있던 약 마저 먹고는 아무것도 하지 않은 지 한 달째. 입원하여 치료를 받는 동안 이런저런 일이 생겼다. 그러다 병실을 두 번 옮겼다. 상급 병실이 아닌 일반 병실로 옮기는 것은 병원 규칙에 어긋나는 일이다. 그래서 병실을 두 번이나 옮겨야 하는 상황을 견디기에는 마음이 상하였다. 어찌할 수 없는 상황에다 마음이 상하니 그만두자는 마음이 일었다. 어떻게 될지, 어떻게 해야 할지 아무 생각도, 판단도 하지 말고 그저 잠잠히 기다려봐야겠다. 침묵하며.

In silence I wait.   2013.04.01.

신발이 다 닳도록

발에 티끌이 자꾸 밟혀서 왜 그런가 봤더니 신발 밑창이 닳아서 구멍이 났다. 내 차는 지난 3년 동안 14,000km를 달렸는데 워낙 장거리를 다니느라 타이어를 세 번 갈아 끼웠다. 신발이 다 닳도록 먼 길 아랑곳하지 않고 병원 다니며 하루하루를 견뎌왔다.

입원하여 치료를 받는 동안에는 환자들의 불만으로 병실을 옮겨 다니기도 하고, 이런저런 이유로 서러워져서, 아니, 진저리가 나 자의 반, 타의 반 3월부터 아무것도 하지 않고 있다. 그나마 오늘까지 별일 없이 잘 버티고 있어 다행이지만, 어처구니없고 기막혀서 이제는 그만두고 싶은 마음뿐이다.

가끔 블로그 방문자 수가 수백 명이 넘을 때가 있다. 그럴 때면 환우 중 누군가 방송이 되었나보다 여긴다. 며칠 전에 세 살배기 아이가 방송되었나 보다. 우연히 그 아이의 방송을 보고는 먹먹한데, 생후 6개월 환아가 세상을 떠났단다. 폐에 생긴 수포가 호흡곤란을 일으킨 것이다.

그 소식에 '더 아프지 않아도 되어 차라리 잘됐다고, 내 아이도 그때 떠났더라면 세상 살며 겪을 고통 한꺼번에 겪으며 끝났을텐데…'하고 나쁜 생각을 했다는 어느 엄마의 이야기도 들었다. 솔직한 고백이리라. 병든 자식을 손 한 번 써 보지 못하고 보내야 하는 마음을 어떻게 헤아릴 수가 있을까.

부모가 아니라 그 마음 잘 모르지만, 나의 고통만큼 부모님의 고통이 조금씩 짚어진다. 아이가 태어나면, 내 아이를 이렇게, 저렇게 키우리라 기대와 설렘이 있을 것이다. 그 설렘과 기대가 한순간 사라지고, 맘껏 안아주지도, 놀아줄 수도, 예쁜 옷을 입혀 볼 수도, 맛있는 걸 맘껏 먹여볼 수도, 어딜 맘대로 데리고 다녀볼 수도 없는 현실, 그저 우는 아이 붙들고 상처와 싸워야 하는 하루하루.

나이가 들면 서러워진다더니, 지난주엔 지도교수님과 이야기하다 네일아트로 잘 다듬은 손을 보며 눈물을 참느라 혼이 났다.

2013.04.14.

 무력감

지난 주말, 갑작스럽게 명치가 아파서 숨을 쉴 수가 없었다. 숨을 쉴 때마다 망치로 두드리는 듯한 통증과 속 쓰림으로 허리를 펼 수가 없었다. 이제 가라앉았지만 꼬박 일주일 동안 체중이 2kg이 빠졌다. 스트레

스로 이렇게 격심한 통증을 겪기는 처음이다. 통증이 가라앉으면서 입술이 마르고 짓무르고 있다.

새삼, 무기력이란 놈의 위력이 무섭다. 아니, 무기력이란 놈은 참 모질다. 마치 정글에 던져진 어린 양 같이 무력한 나, 어떤 방패도, 무기도 없는 나를 보고서, 스스로 아무것도 할 수 없음을 알고서 그 허탈한 마음을 어쩌지 못해 이렇게 생지옥을 지나고 있다.

아무것도 하지 않고 두 달을 지나는 동안 몸은 잘 견디고 있는데 언제 어떻게 될지 모른다는 불안감. 그 중압감으로 내 마음은 롤러코스트를 타고 있다. 2013.04.29.

눈물

잘 볶은 메밀은 참 구수하다. 잔에 우려내면 맑은 풀빛이 마음마저 말갛게 씻어준다. 이 작은 알갱이에서 어찌 이리 투명한 연두빛이 날까? 빠알간 칸나 한 송이가 불꽃처럼 피어나는 머그잔에 메밀차를 우려냈다. "빨간 칸나 꽃이 널 닮았어!" 수년 전 친구가 무심한 듯 주고 갔다. 저 불꽃처럼 힘 있게 살라는 듯.

지난 주일, 늘 나의 안부를 챙기시고 기도해 주시는 노 목사님의 눈물을 보았다. "하나님! 이 사람을 살려주세요."하시며 눈물을 훔치셨다. 그분의 눈물이 굳은 내 마음을 녹였다. '예... 지금 제가 무슨 자존

심을, 고집을 피우겠습니까? 무얼 더 못하겠습니까… 다시 힘을 내야지요…' "…비록 더딜지라도 기다리라 지체되지 않고 반드시 응하리라(합2:3)…"는 말씀을 다시 마음에 새겨본다. 2013.06.05.

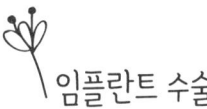
임플란트 수술

겨우 기운을 좀 차렸다. 어제 오후 임플란트 1개를 수술하고 와서는 기절하듯 깊은 잠에 빠졌다. 새벽녘, 통증이 심해서 잠에서 깼다. 마취가 풀리면서 수술 부위와 온몸이 두들겨 맞은 듯하여 진통제를 먹고 다시 잠을 청했다. 열두 시 넘어 일어나서는 밥 챙겨 먹고 자꾸 몸과 맘이 늘어져서 억지로 청소하고 빨래도 했다.

임플란트 수술이 끝날 즈음 마취가 풀려서 온몸이 오그라드는 것 같았다. 마취를 최소화하려고 마취가 깨고 마지막 10여 분을 참는 동안 초주검이 되었다. 수술을 마치고는 치과 원장님도, 나도 녹초가 되었다(으~윽, 이런 과정을 또 한 번 더 겪어야 한다니 ㅠ.ㅠ). 고통스러웠지만 성공해서 다행이다. 이제 마취 부작용 없이 잘 안착되기를 기다리면 된다.

치과에서 1시간 여를 쉬다 돌아오면서 그저 감사했다. 만약을 위해 항생제를 하루치라도 먹으라 했는데, 1번만 먹고, 진통제도 두 번으로 견디고 오늘 소독하러 가야 하는 데 도무지 기운이 없어 별일 없으리라 믿으며 가지 않았다.

청소와 빨래를 하고 커피를 내렸다. 제일 염려되었던 마취 부작용도 없는 듯하고, 항생제 부작용도 지난번보다 덜하다. 정말, 다행이다. 이대로 별일 없이 잘 안착되기를 바랄 뿐이다. 달콤하고 폭신폭신한 케이크 한 조각 먹었으면 좋겠다.   2013.07.16.

 발

햇살이 반가워 밀린 빨래를 하고, 샤워하고 페퍼민트 차를 우렸다. 이렇게 맑은 페퍼민트 차 한 모금으로 온몸이 시원하다. 차 한 잔과 함께 고요히 생각을 정리해 본다. 요즘 내 발이 수난이 많았다. 며칠 전 설거지를 하다 후라이팬이 떨어져서 뒤꿈치에 피멍이 들고, 어제 다림질을 하다 살짝 데었다. 잠깐 정신 줄을 놓고 허당 짓을 하다 발을 혹사하고 있다. 맨발에 젤리슈즈를 신고 다녔더니 거칠어졌다. 오늘은 보습제에 헤나 가루를 조금 섞어서 마사지했다. 탱글탱글 촉촉한 느낌이 아기 발 같아서 울컥하다.

지난번 입원치료 때 커다란 대침大針을 별 통증 없이 맞으면서 새삼, 처음 침 치료를 시작했던 그 날이 생각났다. 제일 작은 유아 침으로도 침이 들어가지 않아 란셋으로 살을 뚫고 침을 놓았지. 온 병실 환자들이 긴장할 만큼 통증으로 비명을 지르곤 했지. 그렇게 시작된 침 치료는 상처 주변으로 침을 놓아 고슴도치가 되기도 하고, 도무지 꿈쩍 않던 고질 부위에는 전기침도 시도하고… 팔 체질 침까지. 그렇게, 그렇게 탱글탱글, 촉촉한 발이 되었다. 물 샐 틈 없던 발가락 사이가 벌어지고, 맨들맨들해서 걸핏하면 미끄러지고 넘어졌는데, 지문이 생겨 미끄러지지도 않는다.

   지난주는 알바하러 다니느라 여의도로 출퇴근을 하였다. 문득, 퇴근 시간 그 복잡한 강남대로에서 아무렇지도 않은 듯 긴장하지 않고 버스를 기다리는 나 자신이 놀라웠다. 맨발에 젤리슈즈를 신고 인파 속을 걸으며 밟힐까 긴장하지도 않는다. 8차선 횡단보도를 건너다 어깨를 부딪혀도, 맨발로 다녀도 멀쩡하고, 샌들을 신고 다녀도 멀쩡하니 얼마나 감사한가. 이제는 토요일 점심시간에 강남대로 8차선 횡단보도에서 파란불이 켜져도 괜찮다.

   몇 년 전 처음 강남대로 8차선 횡단보도에서 '인파人波'가 무엇인가를 알았다. 무심히 신호를 기다리다 파란신호등이 켜져 건너려다 화들짝 놀랐다. 건너편에서 파도가 밀려오는 것 같았다. 얼마나 놀랐는지 발이 붙어버렸는데 사람에 밀려 겨우 걸음을 옮겼다. 이제는 '호~ 저 사람 가방 예쁜데? 저 사람은 뭐가 그리 급한가?' 사람 구경도 한다.

   그동안의 우여곡절이야 이루 말로 다 할 수 없지만 말이다. 지금 복용하고 있는 약은 1~2g 단위로 피부 상태를 보아가며 조절하고 있다. 약이 과해서 부작용이 생기지 않도록 잘 조절한다면 곧 상처 없이 단단해질 것 같다. 그저, 지금 이만큼만. 상처가 하나도 생기지 않을 때까지 별일 없이 치료를 쉬지 않기를 기도드린다.   2013.07.21.

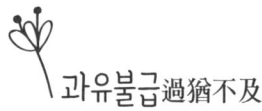
과유불급 過猶不及

덥다. 도무지 수그러들 줄 모르는 더위의 기세가 더 숨 막히게 한다. 덥고 습한 올여름 더위를 믿기지 않을 정도로 잘 견디고 있다. 자잘한 상처가 있기는 하지만 체력도 완전 회복. 온종일 의자에 앉아 있어도 눕고 싶지 않다. 종아리 부기도 거의 없지만 약에는 더 민감해져서 하루걸러 1g 복용 중이다. 더 예민해지지는 않기를 기도드린다. 여느 해보다 훨 힘든 계절을 어떤 해보다 잘 지내고 있다. 아이러니하기도 하고, 가슴 한편으로 불안하기도 하고. 그저 이대로 계속되기를 바랄 뿐이다.

오늘은 입추다. 지난주에는 매미가 울어대더니 매미 울음소리는 사그라들고 한낮 더위에도 잠자리가 낮게 날아다니는 걸 보니 곧 시원해지리라. 여느 해와 달리 길고 습한 여름을 평온하게 잘 지나고 있다. 2g씩 복용하던 약은 1g으로 줄이고, 3일 복용, 하루 거르기, 즉, 나흘에 3g을 복용하면서 피부 상태를 보며 조절하고 있다. 덕분에 고질적으로 애먹이던 등이 아주 단단해져 상처 없이 일주일째이다.

아물고 터지기를 반복하던 왼쪽 귀밑 두피도 아문 지 닷새째이다. 아직 딱지가 떨어지지 않은 상태라 가끔 가렵기는 하지만, 다시 상처가 반복되지는 않을 것 같다. 두 부위만 아문다면 고질적으로 애먹이던 부위가 모두 말끔해진다. 별일만 생기지 않는다면 상처가 다시 생기지 않을 것 같다.

이번 약은 진피가 단단해져 상처의 딱지를 밀어내고 수포가 생기지 않는 것이 목표이다. 딱지를 어서 밀어내고 싶은 마음에 약을 조금(1g)

늘리면 어김없이 수포가 생기며 '욕심부리지 마!'라고 경고를 보낸다. 과유불급過猶不及! 모자란 듯한 약 복용이 관건인데 이것이 아주 애간장을 태운다.

　피부가 전반적으로 나아지면서 혈관이 선명하게 드러나고, 발가락이 무엇에 베인 듯한 통증이 느껴져서 살펴보면 발가락 사이가 더 벌어져 있고, 손바닥에 띠를 이루고 있던 비립종이 거의 없어져 손이 수월하게 펴지니 약을 늘리고 싶은 마음을 참기가 여간 힘든 게 아니다. '혹시?' 하는 마음에 약을 늘리면 마치 '메롱!' 하는 것 같다. '고지가 바로 저긴데 욕심 그만!'. 내 마음을 다잡는다.　　　　　　　　2013. 08. 14.

줄타기

　월요일 오후에 입원하여 지금 아주 고공행진 중이다. 하루가 다르게 피부가 단단해지고 있다. 무엇보다 수년 동안 상처가 아물지 않던 고질적인 부위가 거의 회복 중이다. 주치의 선생님도 최적 상태, 아주 좋다고 하신다.

　작년 치과 치료를 시작하면서 무너진 피부 완전 회복이다. 아! 정말 다행이다. 지난 한 해 얼마나 애를 태우며 줄타기를 했던가! 정상을 코앞에 두고 무너지기를 반복했지. 그만두고 싶었던 그 순간순간들. 고비를 넘기며 이제 안정권이다. 다음 주까지 치료하고 별일 없다면 (부디 별일 없기를) 연말쯤엔 상처 없이 살 수 있겠다. 제발!!! 이대로 쭉~~~~~. 2013.08.29.

 가을비

이 깊은 새벽. 빗소리가 정겹다. 퇴원하고 오는 길에도 비가 촉촉이 내렸다. 촐촐하게 내리는 가을비에 우산 접어두고 흠뻑 젖고 싶다. 고맙고, 감사해서. 지독한 여름을 의아스러울 만치 편하게 보내서 고맙고, 지금 약과 침으로 철옹성 같은, 아니 그보다 더 끔쩍 않던 고질 부위가 거짓말처럼 좋아지고 있어서 그저 감사하다.

발목, 정강이, 후두부가 변화를 보여서 내 눈이 의심스러웠다. 너무 멀쩡해진 발과 종아리. 허벅지에서 무릎까지 와는 다르게, 발목부터 정강이까지는 마치 내 살이 아닌 것 같이 1.5~2배 정도 피부가 약하다. 그리고 견갑골부터 목덜미, 후두부는 거의 십 년째 상처가 반복되고 있었다.

등이 아물면서도 목덜미와 후두부는 약했는데 이번에 단단해지기 시작했다. 그래서 이번에는 다리와 후두부에 집중치료. 매일 아침, 점심, 저녁으로 나누어 체질 침 3번, 목덜미와 후두부, 다리에 침 치료를 했다. 약은 더 민감해져서 하루 1/2포까지 줄였고, 퇴원 무렵에는 1/4로 줄였다. 후두부는 60% 정도 상처가 아물었는데, 남아 있는 부분은 시간이 좀 걸릴 것 같다 하시고, 발목은 부기가 거의 빠졌다. 정강이에도 자잘한 주름이 더 생기고. 그리고 모공이 더 열리면서 솜털도 더 많이 생기고. 침을 맞을 때 등이 후끈거리며 땀이 나면 아주 좋은 상태라는데, 입원 내내 목덜미까지 후끈거리면서 땀이 흘렀다.

철옹성 같던 부위들에 새 살이 돋고 단단해지느라 여느 때 보다 힘에 부쳤다. 퇴원 무렵엔 하루 쉬자고 하고 싶을 만큼 단내가 났다. 이제 독수리가 날개 치며 올라가듯 날아오르기를 간절히 기도드린다.

2013.09.11.

안도

간간이 뿌리는 빗줄기가 겨울을 재촉한다. 유난히 짧은 올해 가을, 정신없이 10월을 보내고 숨 돌릴 즈음 지난주 임플란트를 마저 했다. 치과 원장님이 유착이 잘된 것 같지만 한 달 정도 더 경과를 보자더니 2차 수술하시며 유착이 잘되어 바로 하자고 하셔서 나머지를 마저 했다. 지난번보다 수월할 거라 시더니 다행히 1시간 조금 더 걸려 끝났다. 지난번보다 마취 시간도 줄어서 다행이다.

이제 고통스러운 과정을 다 했단다. 아~ 살 것 같다. 임플란트 2개 하면서 보통 사람 열두 개 하는 것보다 더 힘들었다. 유착되기를 기다리는 석 달 동안 얼마나 애를 태웠는지 모른다. 유착과정이 뼈가 붙는 것과 같은 것인데 뼈가 붙는 데는 흔히 알고 있는 칼슘보다 단백질이 더 필요하다고 한다. 그래서 나와 같이 수포성표피박리증 환자의 경우 단백질 결함이어서 어찌 될지 알 수 없다며 치과 원장님도 걱정하셨다. 최소한 임플란트 2개를 해야 씹을 수 있게 할 수 있는데 이마저 안되면 더 힘든 과정을 겪어야 하기에 유착을 기다리는 동안 피가 마르는 줄 알았다. 유착을 확인하러 가는 날에는 입술이 바짝바짝 타들어 가고 얼굴이 반쪽이었다.

무엇하나 쉬운 게 없는 인생이지만 잘 되었으니 얼마나 감사한가! 하나님! Thank you! Thank you very very much! 이제부터는 조금만 더 수월하게 살게 해 주심 아니 되시옵니까?　　　　　　2013. 11. 16.

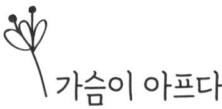
가슴이 아프다

퇴원하고 보름여. 몸은 많이 회복되었지만 먹먹하고 기진해서 넋을 놓고 있다. 고질적인 상처는 2/3정도 아물고, 새로운 돌파구도 찾았지만, 병원에서 6년 만에 준이를 만나고는 숨이 막혔다. 곧 중학생이 될 준이 몸은 침대에서 공처럼 말려서 펴지도 못하고 누워 있었다. 사람 몸이 저럴 수도 있다니? 눈을 어디에 두어야 할지 모르겠는 데다 누군가 내 가슴을 송곳으로 파는 듯 아프다. 그리고 백일도 못 넘기고 세상을 떠난 환우회 아이와 이래저래 참담하고 심란한 이야기를 들었다.

참 잔인하다는 생각으로 가슴이 먹먹했다. 이 병이 죽이지도 않고 살리지도 않는 끝없는 고문 같다.

여기 병원도 작년 9월부터였으니 어느새 1년이 넘었다. 간호사들이나 수련의들 대부분 거쳤고, 인사를 건네는 이들도 많다. 대학병원이다 보니 전문의가 되어가는 모습을 옆에서 보게 된다. 문득 해마다 이렇게 많은 의사가 배출되는데 희귀질환에 관심을 가지는 의사는 어디에도 잘 보이지 않는다.

주치의 선생님과 꼬박 10년 동안 치료를 쉬지 않는 것은 다시는 옛날로 돌아가고 싶지 않기 때문이다. 숨을 쉴 때마다 온몸 세포 하나하나가 다 아파 숨을 몰아쉬었던 날들, 관절위축으로 제대로 걸을 수도, 컵을 쥘 수도, 손을 쥐고 펴는 것도 힘들었던 날들, 3번의 심각한 식도 협착으로 물도 제대로 넘길 수 없었던 그때로는 죽어도 돌아가고 싶지 않다.

좀 더 일찍 지금의 선생님을 만나 치료에 집중할 수 있었다면 얼마나 좋았을까? 아쉬울 뿐이다. 이제 일상생활에는 지장이 없으니 그만두고 싶기도 하고, 예전으로 되돌아갈까 봐 두렵기도 하다. 내 마음을 붙들기도 쉽지 않은 요즈음. 울 엄니는 그 세월을 어찌 견디셨을까.

2013. 12. 20.

몸살을 앓을지라도

사흘 꼬박 몸살을 앓았다. 지난 목요일 퇴원, 금, 토, 월, 화 밀린 일 끝내고, 수요일엔 명절 준비하느라 바쁜 동생네 가서 감기 걸린 조카들 챙겨 주고 집에 와 그대로 잠들어서는 이틀 내내 잠만 잤다. 감기약을 먹으려다 지난 열흘 동안 애쓴 것이 아까워 집에 있는 조청과 곶감으로 기침과 가래를 삭였다. 다행히 민간처방이 잘 들어서인지 큰 고생 없이 일어났다. 동생이 챙겨 준 만두로 떡만둣국 끓여 먹고 샤워하고 커피 연하게 내려 마시니 살만하다.

이번엔 고질적인 후두부에 약침을 매일 시술하였다. 그나마 지난번보다 고통이 덜하나 기운이 달려 만만치 않았다. 기운이 부치지 않고 피부에 별 무리 없는 용량으로는 고질적인 부위에는 역부족이라 용량을 늘리니 체력이 달려 멍하니 누워만 있었다. 9일째는 너무 힘들었는데 다음 날 아침 거짓말처럼 기운이 났다. 아마 몸이 적응하는 고비였나 보다. 퇴원하고 돌아오는 길, 한 시간쯤 운전하니 목이 뻣뻣해서 걱정이었는데 다행히 별 무리 없이 용인까지 잘 왔다.

이제 5% 정도 남겨놓고 있는 후두부 상처. 열흘간의 질주가 효과 있기를 소원한다. 약침이 전신반응을 보여서인지 피부가 전체적으로 단단해졌다. 입원 준비를 하면서 자잘한 상처가 반복되어 걱정이었는데 주치의 선생님이 피부가 견디는 힘이 아주 좋단다.

무엇보다 정강이에 상처가 없고, 발목 부기가 절반 정도 빠진 것 같아 얼마나 감사한지. 이제 걸레질을 하거나 책을 읽다가 무심코 무릎걸음을 하고 있어 놀랍다. 정강이가 아물고 단단해지니 몸이 먼저 알고 자연스럽게 무릎으로 디뎌지는 것이다. 그리고 순면이나 실크가 아니고는 목에 무엇이 닿으면 가렵고 상처가 났었는데 요즘은 코트 깃이 닿거나 니트를 맨살에 걸쳐도 괜찮다. 그리고 또 놀라운 것은 바닥에 그냥 누워도 배기지 않고 괜찮다. 매트가 없어도 견딜만하다.

　이대로 쭈~~~~~~~~~~~~~~~욱 단단히 여물기를. 이 정도 몸살쯤이야 얼마든지 견딜 수 있다. 이렇게 무릎과 정강이가 단단해진다면 몸살을 앓을지라도 그 무얼 못하랴.　　　　　　　　　　　　　2014. 02. 02.

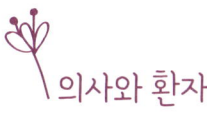
의사와 환자

　치과를 다녀오면 진이 빠져 녹초가 되지만 마음은 녹녹하다. 한 단계 한 단계 나아지고 있기 때문이다. 이제 두 번째 임플란트 2차 수술하고 잘 유착되어 임플란트 과정은 모두 끝났다. 두 번째 임플란트는 뼈가 약하여 이식을 했다. 이식하고 염증이 생겨 걱정이었는데 잘 되어 얼마나 감사한지. 이제 치료과정도 훨 수월해져서 마취도 약하게 한번 정도면 되고, 나머지 과정엔 마취하지 않아도 될 것 같다.

　치과 원장님이 나의 상황을 이해하고 한 번의 과정도 몇 번으로 나누어 치료하고 있다. 감염 때문에 항생제를 먹어야 하는데 항생제로 피부가 벗겨지고 따가워서 그냥 버티며 치료하는 상황인데다 첫 임플란트 시술 중에 뼈에 통증을 느껴 뼈 마취를 해야 하나 난감해하셨다. 이제는 수포성표피박리증 환자의 상황을 이해하시고 아주 신중하게 한 걸음 한 걸음 진행하신다. 여느 의사 같았으면 포기하셨을 텐데 보통 6개월 과정을 20개월여 진행하고 있어 그저 고마울 따름이다. 이번에도 2개월 정도 경과를 보아 다음 과정을 진행하자고 하신다. "치료과정이 수술과 마찬가지여서 실수하면 돌이킬 수가 없어요. 처음 걱정과 달리 잘 아물어서 다행이지요. 의사가 편한 환자만 보면 발전이 없어요. 그리고 환자분이 힘들지 의사가 힘들겠어요? 제가 아는 모든 지식을 다 동원하여 진료하고 있으니 힘내세요. 환자분이 여기까지 어떻게 왔는데 더 신중해야지요."라며 챙겨 주신다.

의사와 환자 관계는 환자가 생명까지 맡겨야 하는 관계이다. 그래서 어떠한 갑을 관계보다 더하지 않을까? 지금까지 좋은 의사를 더 많이 만난 것이 얼마나 큰 복인지 모르겠다. 얼마 전 집에 다녀오면서 어린 시절 거의 하루걸러 다녔던 내과 선생님을 길에서 만났다. 이제 일흔이 넘으셔서 호호 할아버지이시지만 여전히 진료하고 계신다.

"아이고~ 우리 주야 오랜만이네! 얼마 전 어머니(혈압관리 중이시다) 다녀가셨는데 안녕하신가?"라며 반겨주신다. 역시나 전문가, 의사로서 일가一家를 이루는 것은 최고最高가 아니라 '제대로' 하는 것이란 생각이 든다. 그리고 좋은 관계를 잘 맺고 유지하는 사람이 대가大家 이리라.

2014. 03. 11.

덕분에

　솜씨 좋은 바리스타의 커피 한 잔. 서늘한 밤바람이 좋다. 밤바람과 풍겨오는 커피 향을 놓칠세라 흠뻑 들이마시며 머금은 첫맛은 깊고 부드러운 쓴맛, 뒤이어 동글동글한 신맛. 아~ 참 맛있다!!! 나의 유일한 사치, 커피 한 잔의 호사가 감사하다.

　오늘 하루 세 번의 치료를 끝내고 저녁을 먹고는 설핏 잠이 들었다. 덕분에 씨름 한판 한 듯 무거운 몸이 훨씬 가볍다. 문득, 커피가 당겨서 병원 앞 카페에서 오고 가는 사람들 구경하며 커피를 마시는데 온몸과 맘이 그 무엇으로 가득 차오른다.

　지난 한 달여 논문 프러포절 준비하느라 거의 폐인 모드였다. 12일 프러포절을 무사히 통과하고, 하루걸러 밤샘 강행군을 잘 버텨준 몸을 챙기려 지난 화요일 입원했다. 치료를 받으면서 이틀은 내리 잠만 잤다. 후두부 완치를 위해 진피까지 깊숙이 침을 꽂는 통에 녹초가 되곤 하지만, 덕분에 사흘 만에 목덜미 상처에서 딱지가 떨어지면서 새 살이 돋고, 지난번 보다 견디기가 수월하여 힘이 난다. 이제 상처 중심부도 살이 많이 차올라서 곧 아물 것 같다.

　여러 가지 복잡한 상황이 어느 것 하나 해결될 기미조차 보이지 않는데도 흔들리지 않고 마음을 지키고 있는 나 자신이 기특하다 여기고 있었다. 프러포절을 준비하는 동안 '나는 내 곁에 있는 모든 이들 덕분에 사는 인생'이라는 것이 그저 고맙고 먹먹해졌다. 엄마, 아버지 덕분에, 국내외 논문 부탁하는 것마다 척척 찾아주는 사서 친구 덕분에, 오늘 낮에도 논문 부탁했더니 금방 찾아서 보내주었다. 이틀 동안 한숨도 못 자고 연휴라 교수님 댁으로 피드백을 받으러 가야 하는 주말 저녁에 서울까지 대리운전해준 친구, 손가락이 아파 마우스도 움직이질 못할 무렵, 수미가 이틀 동안 마무리 작업과 ppt까지 만들어주어 프러포절을 잘 통과했다. 대리운전해 준 친구에겐 "나 통과했으니 고기 사줘!"해서 고기까지 푸짐히 얻어먹고, 병원에선 주치의 선생님이 잘 챙겨 주어서 덕분에 이렇게 생생해졌다.

나는, 내가 '그럼에도 불구하고 잘 살아내고 있다' 여겼다. 그런데 사실은, '덕분에 사는 인생'이었다. 혼자가 아닌 '덕분에 사는 인생'이라 참 감사하다. 무엇보다 '하나님 덕분'. 이제 덕분에 남은 날들도 잘 지나가리라. 그저 감사하고 기분 좋은 날이다.   2014.05.27.

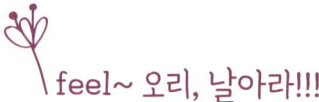
feel~ 오리, 날아라!!!

천둥, 번개 치는 폭우 속을 지나 퇴원하고 와서는 청소하고, 샤워하고, 이 젊은 친구의 노래를 듣는다. 첫 무대에서부터 내 귀를 사로잡은 '버나드 박'. "오리, 날아라!!!"며 응원하면서부터 이 젊은 친구의 절제된 감성에 매번 가슴이 먹먹해 온다. 감성이란 이렇게 아껴서, 아껴서 터트려야 아름다운 것 아닐까?

오늘, 이 젊은 친구 덕분에 아주 오래전 기억이 들추어졌다. 이젠 이름조차 아스라한 그 친구. 늘 조심스럽게 챙겨 주던 친구. 뜨거운 여름

날이면 나에게 손 부채질을 하며 어쩔 줄 몰라 하곤 했다. 가끔, 나를 보며 잔잔하게 떨리곤 하던 친구다.

어느 날, "넌 어떤 남자가 좋아?" "난, 가디건에 골덴 바지가 어울리는 남자가 좋아!" "그~으래?" 얼마 후, 난 대학으로, 그는 직장으로 갔다. 어느 여름날, 우연히 길에서 환하게 웃으며 다가오던 그 친구를 무표정하게 마주 보며 그렇게 헤어졌다. 그 이후로 어쩌다 마주치기라도 했으면 했던 그 친구가 불현듯 생각이 났다. 얼굴도, 이름도 잊을 만큼 세월이 지나서일까?

오십 줄에 들어서며 누구나 지나는 갱년기를 지나고 있다. 봄을 지나면서 폐경이 진행되는 것 외에 별다른 증상은 없어 다행이다. 폐경을 지나면서 이제 아이를 낳을 수 없다는 사실에 안도, 아니, 어떤 묶임에서 풀려나는 해방감에 놀랐다.

아~ 그랬구나. 내가 그때 그랬구나. 내 가슴 깊은 데서 날 붙들고 있던 불안이 이것이었구나. 오늘, 그와 나에게 외쳐본다. "오리, 날아라!!!"

2014.07.19.

명복을 빌다

열일곱 소녀 유진이가 세상을 떠났단다. 평생 맘껏 놀아보지도 못하고, 하루도 편하게 잠들지 못하고, 먹고 싶은 것 맘껏 먹어 본 적도, 입고 싶은 것 한 번 입어보지 못했을 열일곱 소녀의 명복을 빈다.

유진아! 새 하늘에서는 아프지 않을 테니 예쁜 얼굴 곱게 화장도 하고 새로 난 손톱마다 메니큐어도 바르고, 먹고 싶은 대로 맘껏 먹고, 신고 싶었던 구두 신고 가고 싶은데 맘껏 다니렴. 누구를 만나더라도 피하지 말고, 누가 쳐다보면 마주 보며 웃어주고. 마음 가는 대로 먼저 말 걸어도 된단다. 남들처럼 그렇게 살아도 아무도 너를 빤히 쳐다보지 않을 거야. 네 마음 내키는 대로 살아가렴! 나비처럼 훨훨 날으렴!

자식을 잃은 부모를 도무지 마주할 수가 없어 문상을 가지 못했다. 유진 엄마, 아빠 살다가 어느 날이라도 만나면 인사해요. 2014. 08. 13.

고군분투 孤軍奮鬪

밀린 빨래를 하고, 뒤엉킨 책과 옷, 신발 정리도 하고, 걸레질로 먼지를 닦아냈다.

두어 달, 올해 내내 막막한 현실과 무너져 내리는 마음과 고군분투 중이다. 급기야 10월 퇴원 후에는 도무지 어찌할 수 없는 무력감으로 넋 나간 듯 지내거나 안간힘을 다하여 하루하루를 버티고 있다.

겨우겨우 마음을 붙들고는 12월 9일부터 입원하여 치료를 받고 19일 퇴원했다. 입원 한 날, 주치의 선생님이 예상보다 좋아져서 지금 이 상태로 호전을 보이면 침 치료에서 약물치료로 바꿀 수 있어 입원하지 않고도 치료할 수 있겠다며 흥분하셨다. 침 치료를 줄일 수 있고 더 나아지면 침 치료를 하지 않아도 되겠다는 그 말에 안도가 되면서도 비현실적으로 들려왔다. 마치 앵무새가 그저 흉내 내는 말처럼 들렸다.

올해 들어 노안으로 드레싱을 할 때 안경을 벗었다 쓰기를 반복하는 처지가 되니 곤혹스럽다. 서러움보다 깊은 절망. 노안으로 인한 절망과 치과 치료 후 생활비와 병원비를 걱정하는 그 막막함은 눈물조차 말려버린다. 지난 10여년 전력 질주, 이제는 여력이 없다. 바닥이다.

2014. 12. 29.

고립무원 孤立無援

연두빛 새순들이 하루하루 초록으로 짙어간다. 아무것도 눈에 들어오지 않더니 여리여리한 새순이 보인다. 바람에 살랑이며 싱그러움을 뿜어낸다. 아무것도, 그리울 것도, 기쁜 것도, 슬픈 것도 없더니 눈물이 툭. 숨 쉬고 싶다. 겨우 슬럼프라는 말로는 절반도 담아내지 못할 이 막막함. 캄캄하고, 무섭고, 축축한 동굴 속. "거기 누구 없어요?" 아무리 불러봐도 메아리만 울릴 뿐. 맨살을 그대로 드러내는 처절한 현실. 외롭다. 어디에 발을 디뎌야 할지.

치료를 쉬지 말라고, 여기까지 잘 견뎌왔는데 끝까지 포기하지 말라는 목사님의 위로와 한 번도 뵌 적 없는 분의 도움으로 지난주 입원을 하고 치료받는 내내 먹먹하고 편치가 않다. 어찌 이리 막다른 골목으로 몰아가는지 모르겠다.

  2월 말부터 먹기 시작한 약이 효과가 좋아 부기가 빠지면서 체중도 3kg 줄고 단단해졌다. 새 살을 돋게 하는 약과 함께 표피를 단단하게 하는 약을 찾고 있었는데 약을 찾는 데 매번 실패하다 우연히 내가 찾아냈다. 주치의 선생님도 실마리가 하나 풀린 것 같다 하시며 기대하신다.

  작년 11월부터 새로 치료를 시작한 보미에게도 효과가 좋다. 보미는 나보다 덜하여서 경과가 더 빠르고 부작용도 덜 하단다. 얼마나 다행인가. 그렇지만 마음 한편엔 보미가 부럽다. 오롯이 견뎌야 했던 수많은 날의 고통을 뛰어넘어가는 그 복이. 경과가 좋아 감사하고 고생하지 않는 것이 부럽기도 하다. 내일 퇴원하고 가는 길, 눈 한 번 감았다 뜨고 내 방이면 좋겠다.   2015.04.24.

경이警異

  며칠 전 무릎을 호 되게 부딪혀 '이크! 두어 달은 아프겠군.'했다. 다행히 피가 배어나질 않아 수포겠지 했지만 모임 중이라 어찌 됐는지 살펴볼 수가 없어 참았다. 집에 와서 보니 오백 원 동전 두 개 크기의 혹이 생겼다. 혹이 가라앉고 수포가 되면 무릎이라 '성가시겠다' 여겼다.

그런데 다음 날, 혹이 가라앉고 멀쩡하다. 너무 놀라서 어안이 벙벙했다. 이제 무릎 위로는 어지간한 자극도 견딜 만큼 피부가 강해졌나 보다. 물리적 자극 없이 수포가 생기는 경우는 거의 없어졌지만, 이번처럼 호된 자극에도 멀쩡하다니 경이롭다. 게다가 작년까지만 해도 맨발로 신을 신는 것이 조심스러웠는데 올해부터는 맨발에 구두도 신고, 운동화 신고도 마음대로 다니고 있다. 아! 이대로 쭉~~~

2015. 05. 25.

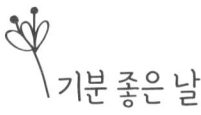
기분 좋은 날

촉촉하고 달콤한 케이크 한 조각, 커피 한 잔과 오랜만에 만끽해 보는 기분 좋은 노곤함. 지난주 토요일 학술대회에서 첫 발표를 하고, 뜻밖에도 손수 만든 책장을 선물 받고, 박사과정 수업에서 서브 논문발표하고, 오늘은 MBTI 전문가 모임에서 발표하고 돌아와 책상 앞에 앉으니 참 많은 생각과 감사로 몸 둘 바를 모르겠다.

학위 과정 중에 학술대회에서 발표하는 것은 드문 일이라며 격려해 주신 교수님, 지도교수님의 세심한 배려와 연습에도 불구하고 너무 긴장한 탓에 죽을 쑤고 내려와 민망하고 감사하다. 원목으로 예쁘게 새로 짠 책장을 선물로 주신 분도 너무 감사하다.

지난주에 이은 강행군에도 피부는 한층 더 단단해지고 있어 얼마나 다행인지. 극으로 치닫는 것 같던 몸의 예민함도 조금씩 줄어들고 있는 것 같다. 예민함이 줄어들어서인지, 피부가 단단해져서인지 무엇이 먼저인지 잘 모르겠지만, 피부가 전반적으로 한 단계 나아간 것 같다. 요즘은 수시로 잠이 쏟아진다. 하루 열 두어 시간을 자기도 한다. 마치 신생아가 된 것 같다. 자면서 아기가 자라듯 새 살이 쑥쑥 돋아나기를.

오늘 모임을 마치고 뒷풀이에서 회원 중 한 분이 "선생님은 에너지가 많으시군요."라고 했다. 그 한마디에 내 마음이 촉촉해졌다. 다시 살아나고 있나 보다. 역시 나는 사람을 만나면서 회복되는 사람이다. 지금 이 평안이 감사하다. 2015.06.11.

가득하다

친구가 직접 만들어준 더치커피 한 잔으로 멋진 하루를 마무리한다. 5월부터 거의 매주 토요일 서울 나들이다. 오늘은 모임이 있어 건국대로 갔다. 운전을 고민하다 생각보다 출발이 늦어져서 마음이 조마조마했는데 다행히 헤매지 않고 여유 있게 도착했다.

모임 마치고 캠퍼스에 앉는데 어찌나 싱그러운지 시원한 민트 차를 마시는 것 같다. 싱그러운 6월의 햇살, 찰랑이는 호수, 바람에 서걱거리는 나뭇잎, 새소리, 어디를 자리 잡고 있어도 풍경이 되는 사람들.

내 마음을 알기라도 한 듯, 하나님이 주시는 선물 같다. 그냥 오기가 아쉬워 한참을 혼자 노닥거렸다.

나에게 '학교'란 흔들의자에 깊숙이 앉자 즐기는 낮잠 같은 휴식이요 삶의 쉼표와 같다. 오늘 학교에서 짬을 누리면서도 가슴 한편이 서늘하다. 며칠 전 허리가 너무 아프다는 엄마의 전화에 가슴이 철렁했다. 여간 아파서는 눕지도 않으시는 엄마가 아프다니 얼마나 아플까 하는 마음에 가슴이 아리다. 주치의 선생님에게 연락해서 약을 지어 보내고는 내내 눈물이 난다.

요즘 계속해서 나의 삶이 '서툴고, 역부족'이라는 생각이 든다. 문득, 너무 멀리 와 있는 것은 아닌지, 남의 옷을 입고 있는 것 같이 어색하다. 그지없이 평온하고 가득 차 있는 가운데 내 깊은 곳에서는 '무기력'인지, '자포자기'인지, '내려놓음'인지 모르겠는 그 어떤 것이 자리를 잡고 있다. '내려놓음'이길 바라면서도 온전히 내려놓지 못해 더 밑으로 바닥을 쳐야 하는지도 모르겠다. 계속 풀리지 않는 일, 명쾌하지 않은 생각들로 요동을 치고 있다.

지난달부터 종일 손목시계를 하고 있어도 아무렇지 않고, 이제 쪼그려 앉아 걸레질도 할 수 있을 만큼 피부가 단단해지고 유연해졌다. 20대 젊은 날에는 하루하루 '할 수 없는 것'들이 늘어 갔다. 마흔 중반부터는 하루하루 '할 수 있는 것'들이 생겨나면서 말로 다 할 수 없이 충만하다. 기쁘다거나 감사하다는 말로는 턱없이 모자라는 말, '충만' 내 마음 깊은 곳까지 가득 차오르길 기도드린다.   2015.06.28.

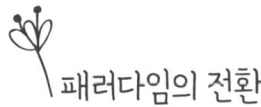
패러다임의 전환

덥다. '이글거린다'는 말이 무색하지 않다. 바깥바람을 쐬고 싶어 잠시 나가려다 후끈거리는 지열에 다시 들어왔다. 화요일부터 입원치료 중이다.

지난 2월부터 쓰고 있는 새로운 약은 치료의 패러다임 전환을 가져왔다. 단순히 피부 상태에 초점을 맞추는 것이 아니라 수포성표피박리증의 가장 핵심인 '허약'을 해결하기 위한 접근이 될 수 있을 것 같다. 그리고 명치끝이 늘 답답하고 가끔 찌르는 것같이 아픈 이유를 알아냈다. 딱히 나쁘지 않으면서 상쾌하지도 않은 위와 장의 회복이 관건이라는 것. 무엇보다 고질적인 상처를 해결할 실마리를 찾은 것 같다.

지금 컨디션이 최상이다. 온몸이 유연해져서 앞으로 굽혀 손바닥이 바닥에 닿고 무릎도 관절 구축이 다 풀려서 두어 시간도 걸을 수 있고, 키도 예전으로 돌아왔다. 쪼그려 앉아 걸레질도 할 수 있다. 애를 먹이던 목 상처가 거의 아물고 피부색이 밝아졌다. 수년간 그렇게 애를 먹이던 후두부 상처가 편평해지고 딱지가 얇아졌다.

4월과 7월에 시도한 두 가지 약이 효과를 보이는 그 과정이 경이로웠다. 그리고 목요일부터 또 새로운 약을 시작하고 명치부터 단전까지 침 치료 중이다. 잘 적응하길 기도드린다.　　　　　2015.08.09.

 혹사

    왼발을 삔 채 석 달 동안 어지간히 혹사했다. 걷거나 계단을 오르내리면 발목부터 발등이 악~소리가 날 만큼 아프다. 지난 수요일에 입원해서 나흘 동안은 꼼짝 않고 누워 밥 먹고, 약 먹고, 침으로 치료 중이다. 발을 삔 채로 지내서 발목뿐 아니라 왼 종아리 근육과 깊은 데 있는 가오리근까지 다 뭉쳤단다. 아침, 점심엔 다리 근육 치료, 저녁엔 피부방. 둘 다 발끝에 깊게 침을 놓는지라 별이 반짝반짝 하지만 덕분에 살만하다.

    조금 살만해지니 기운이 달리고 달달한 게 당겨서 캬라멜마끼야또 한 잔 마시며 병원 로비에서 사람 구경한다. 너무 피곤해서 케이크가 당길 때 말고는 단 것은 메슥거려 쳐다보지도 않아 캬라멜마끼야또는 일 년에 한 두어 번 한 모금이면 그만인 것을 식어버린 마지막 한 모금까지 달게 마셨다.

    어느새 12월. 원하는 것도, 준비하던 것도, 다 된 일도 꼬여버리기만 하는 데는 기가 막혀 아무 말도 나오지 않았다. 이를 반복하며 어느새 12월이다. 1월 한 달을 어찌 보내나 싶었는데 시나브로 열한 달을 살아냈다. 이것이 하나님 은혜일진대 너무 힘들어서 단내가 난다. 이제 좀 그만이기를 채근해 본다. 거의 포기하고 있었던 예비 연구를 시작하게 되어 무엇보다 감사하다. 이제 논문의 끝이 보인다. 이제는 끝내자!!!

2015. 12. 01.

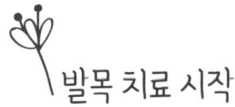 발목 치료 시작

    올겨울은 참 춥다. 춥고 건조하다. 날씨 탓인지 3~4년 동안 상처 하나 없이 보들거리던 발이 거칠어졌다. 아킬레스건 부위가 갈라져서 힘들었다. 12월부터 새로 처방받은 약이 기운이 나고 윤기를 더해줘서 거의 아물어간다.

    화요일에 입원해서 오늘 나흘째. 논문 쓰느라 소진한 기운이 회복되어 늘 애를 먹이는 발목 주변 치료를 시작했다. 복숭아뼈 윗부분이 늘 약하고 불룩하니 부어있어 언제쯤 나으려나 했는데 지금 절반 이상 줄어들었다. 침을 놓고 수분을 말리는 약을 10분 동안 습포를 했다. 다음 주까지는 발목이 단단해지고 늘씬해지겠지? 상처가 없어서 안 아프겠지 여겼는데 넘 아프다 ㅠ.ㅠ   2018.01.26.

 의자

    문득 의자를 보니 누군가 그리운 이 만나 햇살 아래에서 이야기하고 싶다. 이제는 누군가와 같이 살 수 있을 것도 같다. 내 한 몸 추스르기도 힘들고 부담을 지우는 것 같아 생각하지 않았지만 이제야 내 몸 보살필 일도 줄어들어 여유가 있으니 누군가와 함께 사는 것도 좋을 듯하다. 대학을 졸업하고부터는 모든 일상을 혼자 해결하다 보니 혼자

가 버겁다. 무엇이든 혼자 생각하고, 결정하고, 혼자 하는 것이 이제는 좀 지겹다. 누군가 하자는 대로, 가자는 대로 그렇게 지내보는 것도 좋겠다.

누군가에게 짐이 될까 봐 앞만 보고 달려왔다. 뒤돌아보거나 머뭇거리면 주저앉을까 봐 열심히 걸었다. 덕분에 학교도 다녔고 직장 생활하며 내가 번 돈으로 치료도 하고 있다. 지난 세월을 돌아보면 어떻게 그 세월을 살았는지 그지없이 가슴이 아프다.

지금 주치의 선생님과 치료를 시작하고 2007년부터 지금까지 블러그에 적어놓은 투병기를 정리하면서 눈물을 얼마나 흘렸는지 모르겠다. 독백이라는 이름으로 투병기를 적기 시작한 이유는 이 병을 제대로 아는 의사를 찾기도 힘들고, 관심을 보이는 의사도 없는 현실, 하루하루 살기는 너무 고통스러운 환자를 보여주고 싶었다. 병에 관한 연구가 거의 없는지라 나의 기록이 혹여라도 가치를 가지지나 않을까 하는 마음도 있었다. 무엇보다 치료과정을 그냥 흘려보내기가 아쉬웠다.

그렇다고 '나는 이렇게 치료해서 이만큼 나았으니 이렇게 해 봐!'를 말하고 싶은 건 절대 아니다. 얼마 전 주치의 선생님이 "십 년이 넘도록 임상을 하면서도 수포성표피박리증은 적응이 안 되는군요."라며 허탈한 표정을 지으셨다. 그만큼 이 병이 의학으로 설명할 수 없는 병이란 뜻이다. 내가 이만큼 나은 것은 큰 행운이다. 기적이다. 나를 통하여 여러 증상이나 예후를 짐작할 수는 있지만 나의 치료법이나 임상이 그대로 적용되지는 않는다. 무엇보다 나는 다른 환자들과 달리 살도 찌고, 빠졌던 근육이 다시 생긴다는 점이다.

수포성표피박리증은 '허약'하다. 물론 나도 어렸을 때는 허약하여 걸핏하면 영양실조리고 제대로 먹으라는 진단을 받기도 하였다. 아이러니하게도 열 세살 때 급성신장염과 심한 폐렴을 함께 앓고 난 후 조금씩 살이 찌기 시작하였다. 어떻게 살이 찌고 근육이 생기는지 설명할 길이 없지만, 치료에는 도움이 되는 것 같다.

나는 할 수 있는 대로 치료과정에 일어나는 증상을 자세하게 적으려 했다. 이 병을, 수포성표피박리증을 말하고 싶었다. 그저 피부병이 아니라 몸도 맘도 망가뜨리는 지독한 병에 지지 않는 길이 있음을 보여주고 싶었다. 그래서 누군가에게 디딤돌이 되면 좋겠다.

아침에 겨우 일어나 밤새 상처로 말라붙어버렸거나 피와 진물에 퉁퉁 불은 거즈를 떼어내고 새로 드레싱을 하느라 녹초가 되어 일어나지도 못하던 날들. 온종일 밥 먹고 드레싱 하는 것 말고는 아무것도 할 수 없었던 날들. 상처가 모두 곪아서 몇 날 며칠을 통증으로 바들바들 떨며 누워 있었던 날들. 그런 날, 그 와중에도 상처가 너덜거리도록 긁고 있는 내 손을 잘라버리고 싶었던 날들.

상처와 통증으로 꼬박 새운 수 없이 많은 밤. 내일 아침이 오지 말기를 바라던 그 많은 날을 지나 이제 아무 통증 없이 일어나기도 하고, 눈 뜨자마자 벌떡 일어나 하루를 시작할 수 있다. 여전히 상처가 생기기도 하고 통증으로 힘겨울 때도 있지만 일상생활을 하는 데 큰 무리가 없을 만큼 좋아졌다. 무엇보다 상처가 생겨도 곧 아물 거라 별로 걱정되지 않는 것이 놀랍고 놀랍다.

오십 칠년 세월을 하나님이 "은주야! 애썼다. 잘했어!" 토닥여주시는 것 같다. 그리고 "그렇게 애쓰지 않았으면 했어. 널 보는 게 안타까울 때가 많았단다."라고 하시는 것 같아 눈물이 난다. "그렇죠? 그렇게

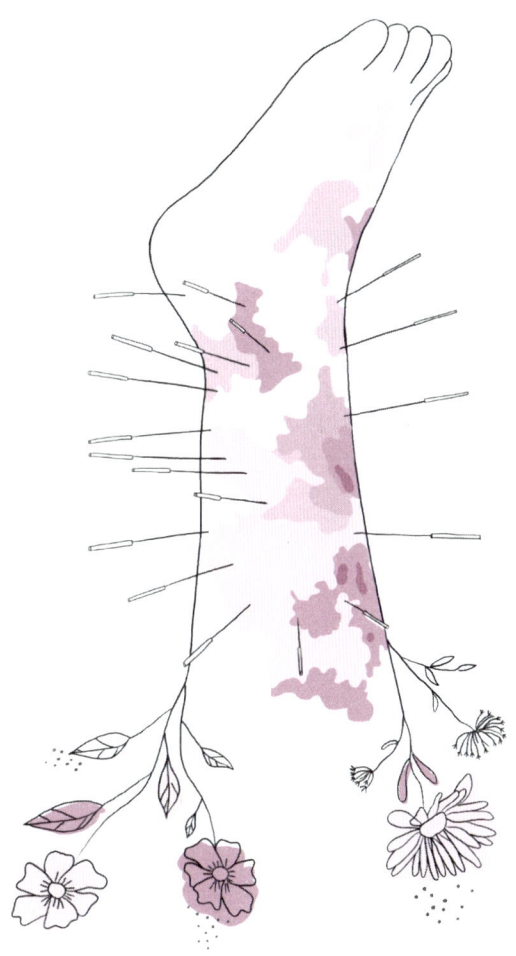

투병- 그 깊고 깊은 고독

애쓰지 않고 아프다고 주저앉아 울기도 하고 쉬기도 했으면 더 좋았을 텐데요? 예전엔 하나님의 창조 안에 안식이 있다는 걸 미처 몰랐어요. 믿음이 없어 안식을 누리지 못한다는 걸 이제야 깨달았어요. 이제 주님의 안식을 맘껏 누리렵니다." 2021.06.23.

선물 같은 날들

헤어지며 'See you again?'을 묻던 이들에게
차마 그러마고 약속하지 못했던 아이들,
몸을 제대로 가누지 못하는 아이들이 어찌 되어 있을지
그것이 더 염려되어 차마 약속을 못 하였던 것.
그 아이들이 성큼 자라있었다.

꿈엔 듯

　늘 혼자 다니다 함께하는 사람들이 있어 행복했고, 포카라 CBRS 센터 첫 만남에서 난감하게 했던 아이들이 변하는 모습에 날마다 기적을 보았다. 헤어지는 게 슬퍼서 "See you again?"을 재차 묻는 부모에게 아무 말도 할 수 없었다. 교육 활동 후 치트완에서는 야생과 밀림, 밤하늘의 별이 너무 아름다웠다. 카트만두에서는 그 혼란과 무질서 속에서 기절할 것 같았다. 지난 시절 활동하였던 바네파와 박타풀 학교에서 반기는 분들의 마음이 너무 고마웠고, 한편으론 그 시절이 아닌 포카라에서 활동할 수 있어 다행이라 생각했다. 세수하다 물이 안 나와 생수로 비누칠한 얼굴 대충 수습하다 눈이 따갑다는 핑계로 울었다. 겨우 다스린 마음은, 파쉬파트나트에서 구걸을 하는 너댓살배기 여자아이와 눈이 마주친 그 짧은 순간에 모든 것이 정지해 버렸다. 머릿속이 하얗게 되어 다음날 아무 말도, 아무것도 할 수 없었다.

　공항에 도착하여 밝은 세상을 보니 마치 이상한 나라의 앨리스가 잠에서 깨어 현실로 돌아 온 듯 지난 보름이 꿈결같이 지나가고 이제 과거가 되었다. 이제 촛불이 참 밝고, 깊은 어둠 속에서야 더 빛난다는 것, 사람이 처할 수 있는 상황이란 좋은 것도, 나쁜 것도 없이 그 어떤 상황에서도 살아간다는 것, 너무 힘들어서 대포 한 잔으로 하루의 노동을 마무리하는 사람들의 심정을 알 것 같다. 세상 그 어디에서도 아이들의 눈은 예쁘다는 것, 그 눈빛을 살리는 일은 아름답다는 것. 그것이 네팔에서 내가 찾은 보물이다.

보물찾기

　이제 내일이면 네팔 가는 비행기를 타고 있을 거다. 아직 감기 기운이 있어 병원에도 다녀오고, 2주일 간을 자리를 비우기 위해 처리해야 할 일을 하다 보니 마치 1월 한 달을 당겨 다 살아버린 것 같다. 그러고 보니 네팔에서 지낼 보름은 그저 주어진 선물 같다. 잘 다녀오라며 저녁을 사 주는 선배와 이야기를 나누다 돌아와서 가방을 챙기고, 지난 모임에서 받은 아이들 명단과 프로필을 점검하다 보니 이제 실감이 나면서 미처 준비하지 못한 것들이 생각난다.

　아이들에게 제대로 할 수 있을는지? 새삼 한 치의 오차 없이 운행하시는 하나님의 섭리가 어찌나 감사한지? 그 하나님께서 숨겨놓으신 보물을 찾으러 가는 거야! 함께 하는 사람들이 있어 얼마나 좋은가? 튀니지에서처럼 혼자가 아니라, 함께 누릴 사람들이 있잖은가! 무엇보다 준비하는 동안, 하나님이 주신 달란트가 어떻게 사람을 살리며, 삶을 풍요롭게 하는지, 그리고 같은 마음으로, 함께 한다는 것이 얼마나 아름다운지! 참 오랜만에 그런 행복을 느꼈다.

Sidi Bou Said 시디부사이드

코발트 블루, 그 파란 지중해가 미치도록 그립다. 하얗게 부서지는 뜨거운 태양과 그저 파랗다고밖에 그 어떤 말로도 표현할 수 없는, 그 바다, Sidi Bou Said. 나에겐 가장 아름다운 바다, Sidi Bou Said. 그 바다로 난 골목길엔 하얀 벽을 한 집들이 미로처럼 있다. 그 바다와 하늘을 담은 파란 창틀은 또 얼마나 아름다운지. 미로 같은 골목 틈새로 보이는 그 바다는 또 한 폭의 그림이다. 온몸으로 스며드는 그 전율에 시간이 나는 대로 일부러 찾아다녔던 Sidi Bou Said. 그 언덕길이 그리워 눈물이 난다.

워낙 까탈스럽고 예민하기에 가장 걱정했던 것이 음식임에도 불구하고 난 먹을 걸 하나도 가져가지 않았다. 그냥 부딪혀 보고 싶었기 때문이다. 친구가 젤 먼저 이야기한 것도 "어딜 가든지 입에 맞지 않더라도 음식을 먹을 때 맛있게 먹어야 해"라는 부탁이었다. 이슬람 사람들은 '환대'가 미덕이기에 초대해서 음식 나누는 걸 최고의 대접이라고 생각하기 때문이란다.

천만다행이 그곳의 먹거리들은 우리와 거의 비슷했기 때문에 아주 맛있게 즐겼다. 어찌나 잘 먹었는지 현지인들이 "너 코리안 맞아?" 할 정도였다.

나는 운이 좋게도 튀니지의 여러 음식을 맛보았다. 장애아동을 상담하며 여러 집을 다녔기 때문이다. 가장 기억에 남는 음식은 '바게트'와 이름이 기억나지 않는 성경에 나오는 '무교병'이다.

무교병은 묽은 밀가루 반죽을 우리의 무쇠솥 뚜껑 같은 것 위에 기름을 두르고 구운 것이다. 우리가 입 심심할 때 전을 부쳐 먹듯, 그네들은 이 '무교병'을 구워 먹는다. 바게트와 무교병의 같은 점은 누구나 즐겨 먹으며, 놀라운 것은 꼭 같은 재료로 집집마다 그 맛이 다르다는 것이다. 재료라고 해 봐야 밀과 소금, 이 두 가지다. 특히나 무교병의 유래가 애굽을 탈출하던 날 누룩을 넣지 않은 빵을 급하게 구워 챙겨 넣은, 우리네 전쟁 중에 먹던 '주먹 보리밥' 같은 것이기에 들어가는 다른 재료가 없다. 그리고 아직 가난한 사람들이 즐기는 음식이라 볼 품도 없고 옆에서 굽는 걸 보면 지저분하기도 한데 그 맛이 끝내준다.

무교병을 처음 맛본 곳은, 튀니스에서 가장 가난한 동네, 마치 미로 같은 동네를 한참 걸어가야 했던 그 집에서였다. 들어가자마자 차와 둘둘 말은 그것을 내 왔다. 한 점을 먹고는 맛있다고 더 달라고 했더니 부엌으로 들어오라고 해서 아궁이 옆에서 굽는 족족 얻어먹었던 그 맛이란? (그리고 그 엄마의 행복해하던 모습.) 멀건 반죽을 국자로 척~하니 붓고, 기름 한 방울 두르고, 쓰윽 하니~ 밀어 한 번 뒤집으면, 그 얇은 것이 그 모양 그대로. 거의 예술이었다. 이와 비슷한 것이 '브릭(이름이 정확한지 잘 모르겠다)'이다. 얇은 만두피 같은 것인데, 후라이팬에 그 얇은 것을 깔고, 달걀이나, 잘게 부순 참치(좀 여유가 있으면 고기도 넣고), 양파, 고추, 토마토 등을 넣고 기름에 튀긴 것이 브릭이다. 우리의 군만두 같은 것이다.

엄마들은 오후가 되면 브릭 피를 만들어, 여자들은 시장에서 장사할 수 없기에, 딸아이를 시켜 시장에 팔러 나가게 한다. 학교를 다녀온 딸아이들은 시장에 팔러 가고, 돌아오는 길에 바게트나 치즈, 달걀을 사 오면 그걸로 저녁을 먹는다. 우리네 밥과 같은 바게트. 지금도 가끔, 아니 미치도록 그 '바게트'가 먹고 싶다. 갓 구운 바게트의 고소한 맛이란. 바게트 역시 굽는 사람마다 다르다. 바삭바삭한 거, 부드러운 거, 쫄깃한 거, 구멍이 많은 거, 폭신폭신한 거 입맛 따라, 기분 따라 골라 먹는 재미가 있다.

아침마다 동네 가게에서 바게트를 고르고 달걀, 치즈나 요쿠르트를 사면, 다 합쳐봐야 2디나르(우리 돈으로 2000원 정도)가 채 되지 않는다. 지갑 속 동전을 손바닥에 다 꺼내 보이면 아저씨가 그 값만큼 집어가고, 덤으로 사탕이나 넛트를 주기도 했다(친구 집앞 가게 아저씨는 '해리포터'를 닮았었다). 그리곤 바게트를 집어 들면서부터 뜯어 먹다 보니 집에 오면 거진 반이나 다 먹어버려 친구가 "너, 빵 사러 가지마!"(ㅋ~ㅋ)

보통 바케트를 잘게 부순 참치에 올리브유를 부어 찍어 먹는데, 때로 '하리사'를 같이 넣어 먹는다. 하리사는 고추를 발효시킨 것이다. 그러나 우리의 고추장과는 다르다. 고춧가루와 고추장의 중간 맛이라고 할까?

고추는 튀니지의 대표적인 채소의 하나로 그 종류가 아주 많다. 아삭하니 오이(크기도 오이만큼 크다) 맛이 나는 것, 새콤달콤한 거, 엄청 매운 거(청양고추만큼). 그 고추를 햇빛 말려 빻아 발효시킨 것인데 우리네 된장처럼 여러 음식에 넣어 먹기도 하고, 빵을 찍어 먹기도 하는데, 그 맛이 알싸하니 깔끔하게 맛을 정리해 준다. 하리사 역시 고추만큼 여러 가지인데, 그 중에는 멸치와 같이 발효시킨 것도 있었다. 아~ 먹고 싶다.

튀니지에서 첫날, 유스호스텔 바로 앞 해변을 산책하다 근처 까페에서 빵과 커피로 아침을 대신하였다. 다들 아침은 빵과 차, 삶은 달걀이

나 달걀후라이, 요쿠르트와 치즈 한 조각 등이란다.

아침을 먹고는 택시를 타고 시립병원으로 향하였다. 어제는 밤이라 잘 몰랐는데, 이곳의 택시Taxi들은 모두 우리나라에서는 폐차하고도 남을, 십수 년 넘는 연식의 차들이다. 도대체 굴러가는 게 신기하다. 제대로 된 Taxi를 구경하기 힘들었는데, 문이 잘 열리지 않는 것은 다반사였고, 어찌나 쿵쾅거리는지 귀가 먹먹하여 구토를 할 지경이었다.

무엇보다 놀라운 것은 운전기사였다.(지나가다 아는 사람 만나면 만날 때마다 인사하고, 전화 오면 전화를 받았다. 한번은 기사가 전화 받다 흥분하여 도로 한가운데서 한참을 서 있었던 적도 있었다. 무서워서 내리지도 못하고, 오금이 저렸던 걸 생각하면!) 그러다가도 무슨 일이 있었냐는 듯 손님과 수다가 늘어진다. 도대체 운전하는 동안 앞을 보는 게 아니라 옆이나 뒤를 더 많이 보는데도 사고가 나지 않는 게 얼마나 신기하던지! 더 기가 막히는 건 신호등은 왜 있으며, 교통경찰은 왜 서 있는지 도무지 상관없다. 그래서 처음엔 택시를 타고 내리면 넋이 나간 것 같이 멍하여 놀란 가슴 쓸어내리는 내 꼴을 보며 친구는 웃었다. 그러나 그것도 한 일주일 지나니 익숙해져서 그들 말처럼 "인샬라!". 별것 아닌 것이 되었다(거의 모든 택시가 다 그랬으니까). 대부분 걸어 다니거나 시내버스를 타지만 멀리 갈 때는 기차나 버스, 르와지(louage)를 이용한다.

르와지는 '승합 택시' 같은 것으로 사람이 다 타면 떠나는 보통 6인승이나 8인승 승합차이다. 어쩌다 운 좋게 4인승 자가용이 걸리면 좀 더 편하게 가게 된다. 승객의 대부분이 남자들이라 어찌나 담배를 피우는지 마치 재떨이 속에 앉아 있는 것 같았다. 보통 버스 터미널과 르와지 터미널이 같이 있는데, 버스가 많지 않기도 하며, 무엇보다 시간에 구애를 받지 않기 때문에 르와지를 이용하는 경우가 많다. 관광지나 큰 도시의 경우는 사람들이 많아 금방금방 떠나기 때문에 버스보다 수월하기도 하지만, 그렇지 않은 경우는 하염없이 기다려야 되고 급한 경우에는 나머지 승객의 비용 다 부담하고 타고 가기도 한다.

튀니지 여러 곳을 다니면서 재미있었던 것은 이슬람 국가들 사이에서 개방적이라 여자들이 자유로운 편이나, 그래도 여자 혼자 르와지를 타는 경우는 드물고, 어쩌다 같이 타게 되면, 여자는 남자와 눈이 마주치지 않으려고 한쪽 구석에 앉아 창밖만 보거나, 어쩌다 가운데 앉게 되면(보통 오는 순서대로 앉기에) 몸을 움직이지도 못하고, 시선도 고정한 채 가야 하기에 옆에서 보면 고문도 그런 고문이 없다. 그래서 여자 손님이 있을 때는 불러서 같이 앞자리에 앉아왔다. 나는 외국인이고, 더구나 동양 여자라 그들이 관대하기 때문이다.

르와지가 가끔 떠오르는 이유는 어지간하면 걸어 다니는 그들이기에 궂은일이나 피치 못할 경우에나 르와지를 이용하기 때문이다. 그리고 옛날, 우리네 '비둘기호 기차'처럼 손님들 대부분이 이웃사촌이다. 그래서 르와지 안에서 주고받는 이야기는 그들의 지난至難한 일상들이다. 그러나 그들의 얼굴이 침통하거나 하지도 않다. 그저 모든 것이 '인샬라!' 신의 뜻이기에. 그러려니 무심히 살아가는 모습이 가끔 떠오른다. 어찌 보면 행복한 듯도 하고, 다시 생각해 보면 안타까운 그들이다.

북아프리카의 서북부 국가의 지형을 보면 마치 손을 편 것과 같은데 이 지역을 '마그레브'라고 한다. 모로코, 알제리, 튀니지, 리비아, 이집트 이렇게 5개국이 있다. 그중에서 가운데 손가락에 해당하는 튀니지는 가장 면적이 좁은 나라이면서, 유럽과 중동을 잇는 지정학적 위치, 삼면이 바다(지중해)로 둘러싸여 우리나라와 닮은 면이 많다. 서쪽으로는 알제리, 남동쪽으로는 리비아와 연하여 사막이 펼쳐지며, 동쪽과 북쪽으로는 지중해와 맞닿아 있어 전형적인 유럽문화를 접할 수 있다. 특히, 북부 지역은 기름진 해안 평야가 펼쳐지는 튀니지의 녹지대로 겨울의 눈, 빨간 지붕의 집 등 스위스 어느 지방에 온 것 같다.

튀니지는 덥고 건조한 여름, 온화하고 습한 겨울 날씨를 보이는 전형적인 지중해성 기후이다. 특히, 고온 건조한 여름(5월부터 10월까지)은 낮에는 35℃에서 42℃로 무더우나 해가 지면 기온이 크게 내려가 일교차가 심하다. 그래서 여름엔 해가 지기 시작하는 저녁 6시 이후부터 움직이기 시작하는데, 6시경부터 해가 지기 시작하여 거의 밤 9시가 되어서야 완전히 어두워진다. 이렇게 길고 서늘한 여름밤에 대부분 결혼식을 하기에 날마다 축제다.

여름엔 두어 시간에 걸친 노을이 참 아름답다. 기차를 타고 남쪽 게베스에 있는 친구 집에 가는 동안 어찌나 아름답던지 밥 먹는 것도 잊어버리고 쳐다보았다. 마치 어린왕자가 의자를 옮겨가며 노을을 구경하던 것 같이 그렇게 노을을 즐기며 남부로 향하였다.

남부로 내려갈수록 더 더워지고 건조해지는 사하라성 기후를 보인다. 두 번째 여행이 여름이었는데, 제르바 섬에서 특수학교 이사들과 교사 강습회 일정을 의논하러 가던 날이 53도로 내가 겪어 본 제일 더운 날씨였다. 하지만 이렇게 무더워도 그늘에만 들어가면 시원하고, 건조하기에 견딜 수 있다. 얼마나 건조한가 하면 빨래를 널어놓으면 10분 정도면 바싹 마르고, 좀 더 지나면 색이 바래버린다. 제르바섬에 가던 날 3시간 동안 회의를 하면서 2리터들이 물병을 세 병이나 마셨는데 화장실을 한 번도 가지 않을 정도이다. 사하라 지역은 몇 년 동안 비가 내리지 않기도 한다고 하는데 캠프장 사전답사를 위해 마뜨마따를 가던 날 그 귀한 비가 내려 우리 모두 귀인 대접을 받았다. 마뜨마따는 영화 '별들의 전쟁'을 찍은 유명한 마을로, 멀리서부터 'HOLLYWOOD'란 입간판이 먼저 보여 찡그려졌다.

  그들은 덥고 건조한 여름, 추운 겨울 날씨 때문에 땅속에 집을 짓고 사는데 집들이 위에서 보면 마치 달 표면의 분화구같이 보인다. 이와 같은 건축술은 유네스코가 정한 세계문화 유산으로 그 기술은 따라갈 수 없을 만큼 정교하고 과학적이라고 한다. 현대 과학이 그 기술을 다 밝혀내지 못하고 있는 데다 이제 그 기술을 가진 사람들이 몇 분 안 계셔서 어쩌면 불가사의로 남을 것 같다. 실제 그들의 집에 들어가 보면 겉보기는 조악하게 보이는데 그렇게 아늑할 수가 없다.

  겨울(11월부터 4월까지)은 북쪽에서는 영하권으로 내려가기도 하지만, 6도 이하로는 내려가지 않으므로 춥다고 하나 햇빛은 따뜻하여 겨울에도 햇빛을 즐기러 유럽인들의 발길이 끊이질 않는다. 처음 여행이 겨울이라 춥다고 단단히 준비해오라는 말에 완전무장을 하고 갔는데, 햇빛이 넘 따스해서 춥다는 말이 믿기지 않았다. 하지만 해가 지고 밤이 되자 춥기 시작하더니 거의 얼어버릴 지경이었다. 대부분 난방을 하지 않기에 실내에서 찍은 사진을 보면 패딩을 입고, 모자 쓰고, 목도리를 칭칭 감은 모습이 마치 에베레스트 원정 중인 사람 같다. 그래도 추워서 손이 곱을 지경이다.

  특수학교를 처음 견학하던 날, 교실에 앉아 수업 참관을 하는데, 발끝부터 시려 오기 시작하더니 허리께까지 냉기가 올라올 때 허리가 끊어지는 것 같았다. 아이들과 선생님들은 그 냉기와 추위를 변변한 외투도 없이 견디기에, 코트를 입고 있는 나는 안간힘을 내야 했다. 그러다 뜬금없이 언젠가 읽었던 신영복 선생의『감옥으로부터의 사색』에서 겨울 교도소 풍경이 떠오르면서, 그들의 겨울이 이런 냉기를 고스란히 견디는 것이라는 생각이 들었다. 겨우 두 시간 견학을 마치고 5분 거리의 친구 집을 거의 날아갔다. 전기담요를 깔고, 침낭을 둘러쓰고 서야 겨우 언 몸이 녹기 시작했다.

날씨를 이야기할 때 빠트릴 수 없는 것이 '모래바람'이다. 겨울이면 가끔 모래바람이 불어 황폐하기가 이를 데 없다. 사하라 사막의 모래는 미숫가루같이 고운 모래인데, 모래바람이 불 때면 아무도 나가지 않는다. 문이란 문은 모조리 닫고, 창문에 덧창까지 닫고, 온통 몸을 가려야 한다. 그래도 어쩌다 그 바람을 맞으면 미숫가루 같은 모래가 눈, 코, 귀, 입등 온몸 세포 하나하나에 박힌 것 같다. 아무리 입을 다물고 있어도 모래가 입안에 가득하다.

이렇게 혹독한 한여름과 겨울 때문에 그들의 집은 'ㅁ'자 형태이며, 대문과 창문은 작고 좁으며, 창문엔 덧창까지 달았다. 그리고 벽이 아주 두껍다. 거의 한 팔꿈치 길이만큼. 그러나 그런 집은 소수의 부잣집일 뿐, 중산층이나 되야 냉난방을 할 뿐 대부분 사람은 그냥 시멘트로 지은 집에, 덩그러니 카페트 하나 깔고, 스펀지 매트리스로 지낸다.

하지만 한여름인 6~8월과, 한 겨울인 12~2월이 사이 짧은 봄과 가을이 있는데 봄엔 파종을 위한 이른 비와, 가을엔 추수를 위한 늦은 비가 내린다. 그 비를 맞으며 올리브와 밀이 익어간다.

 바람이 분다

며칠 전 튀니지 사는 김 사범 전화를 받고는 또 이렇게 바람이 분다. "언제 한번 안 올거유? 기다리는 사람들이 많은데." 나를 가장 액티브하게 하는 곳. 그곳에서 바람이 분다. 튀니지는 나에게 바람처럼 다가와서는 내 맘을 송두리째 앗아간 곳이다.

그 즈음에는 병이 심해서 죽음보다 더한 세월을 지내고 있었다. 정말이지 그만 살고 싶은 마음으로 하나님에게 데려가 달라고 매달리다 하나님을 대면 후 새로 태어난 그때였다. 그 힘으로 지도교수와 겨우 석사 논문을 마치고 우연히 지인의 소개로 만난 그녀는 만나고 보니 대학 동창이었다. 자신이 튀니지에서 장애아동과 특수학교 교사들을 위해 세미나를 해 줄 사람을 찾고 있는데 지인들이 하나 같이 소개한 사람이 바로 임선생 이었다며 놀라워했다.

그렇게 처음 제의를 받았고, 10여 개월을 고민하다 더 고민할 기운도 없어 결정하고 떠난 곳이다. 지금도 이해할 수 없는 것은 10여 개월을 고민하면서도 튀니지에 대해 아무 정보도 알아보지 않았고, 아무 계획도 세우지 않았다는 것이다. 서울에만 가더라도 계획을 세우는 내가 지구 반대편의, 그것도 이름조차 처음 들어보는 그곳에 대해 아무 준비 없이 떠난 것이다.

그렇게 2005년 12월 28일 튀니스 공항에 내렸을 땐 밤 12시 조금 넘어서였다. 비행기가 일찍 도착한 건지 마중 나와 있어야 할 친구가 없었다. 그제야 나는 친구 전화번호조차 없다는 걸 알았다. 그녀를 기다리던 10여 분이 얼마나 길었던지. 친구와 공항을 나서니 첫눈에 들어

온 것이 LG Telecom 광고에다 불어오는 바람이 마치 제주도에 온 것 같았다. 내가 지금까지 가장 편했던 곳이 제주도와 강원도였기에 튀니지는 마치 운명처럼 다가왔다. 그래서인지 그 밤을 편히 잠들 수 있었다. 그것도 고장이 나서 잠기지 않는 문에 숟가락을 걸어 놓은 낡은 유스호스텔에서 첫날을 나는 편히 잤다는, 나를 아는 사람은 모두, 아니, 나 스스로 도무지 믿기지 않는 기적이었다.

다음 날 너무 눈이 부셔 잠이 깼는데. 오른쪽 귀로는 새 소리, 왼쪽 귀로는 지중해의 파도 소리를 들으며 어찌나 행복하던지. 그 날 아침 눈 앞에 펼쳐진 바다와 하늘을 보며 나는 무아지경에 빠졌다.

그렇게 시작된 튀니지에서 봉사 활동은 그해 8월, 2006년 2월부터 3월까지 세 번을 다녀왔고, 수도에 있는 시립 아동병원을 시작으로 특수학교와 재가장애인을 방문하여 상담하고 다니느라 주말을 빼고 밤이 늦도록 돌아다녔다. 그것도 최남단에서 최북단까지, 제르바섬과 스타워즈 영화를 찍은 땅 밑에 집을 짓고 사는 마뜨마따까지, 대통령궁이 있는 가장 아름다운 동네에 사는 최고위층 사람들과 도시의 노숙인, 사막에서 유목민까지 그들의 삶을 보았다.

그곳에서 만난 교포들이 날 보면 마치 현지인 같다고 그랬다. 친구와 같이 길을 가다 보면 나를 현지인으로 착각하고는 내게 말을 걸어오곤 했는데, 나는 멀뚱히 서 있고, 유창한 말로 친구가 나를 소개하며 같이 웃곤 했다.

이렇게 뜬금없이 튀니지 여행을 이야기하는 건, 이제 담담히 그때 일을 말할 수 있을 것 같아서다. 하지만 모든 것을 마음에 담느라고 제대로 사진으로 남기지 못해 아쉽다.

 아쉬움

연일 폭염과 밀린 일, 여독으로 며칠 몸살을 앓았다. 한더위는 지났으리라 여겼는데 너무 더워서 결국 땀띠로 목과 팔이 엉망이다. 다행히 예전처럼 심각한 상태가 아니라 견딜만하다.

도무지 수그러들 기세가 아니더니 천둥 번개와 소나기로 한풀 꺾이면서 몸도 한결 수월해진다.

이대로 더위가 물러가면 좋으련만 아직 남아 있다니 조심해야 할 것 같다. 제아무리 늦더위가 물러날 기세가 보이지 않는다 해도 시절을 속일 수 없는 것이 귀뚜라미 울음소리다. 그 소리가 반갑다.

가방을 풀고 빨래해서 개켜 넣으며 아련히 남아 있는 네팔 내음을 깊이 마셔본다. 귀뚤거리는 소리를 들으며 문득, 그리 울어대던 까마귀 소리가 들리는 걸 보니 아직 그리운가 보다. 두 번째여서일까, 이번엔 네팔리들이 더 많이 보였다. 처음엔 모든 게 낯설어 그만한 여유가 없었지만, 이번엔 그나마 여유가 생겨서 그들의 삶을 더 찬찬히 들여다볼 수 있었다, 그리고 여름의 네팔은 겨울과는 다른 삶이 보였다.

여름엔 비가 많이 와서 산사태가 잦다고 했다. 포카라에서 카트만두로 먼저 출발한 통역하는 가이드가 산사태를 만나 꼼짝없이 발이 묶여서 거의 스무 시간이 걸렸다고 했다(그 길은 우리의 고속도로라면 두어 시간 거리다).

바글룽으로 가는 동안 창창하게 흘러가는 갠지즈 강은 검은빛으로 바뀌었다. 웅장한 원시림 사이 마치 영화 '아바타'의 장면처럼, 아시아에서 가장 높고 길다는 줄다리가 놓여 있었다. 출렁이는 줄다리는 오금이 저리도록 스릴 있었다. 쳐다보기에도 아찔한 높고 높은 산 위에 드문드문 구름처럼 마을이 떠 있었다. 그곳의 사람들은 평생을, 거기에서 나고, 살다 죽고 또다시 생명이 태어나고. 그렇게 사는 이들이 대부분이란다. 작년엔 그들의 삶에서 '허투루 사는 건 누군가에게 죄를 짓는 거다'라는 생각이 들었다. 그만큼 그들의 삶이 치열해 보였다.

두 번째 네팔에서는 좀 더 가까이 그들을 만났다. 무어라 대꾸할 말조차 없이 막막하던 아이들이 자라있는 걸 보면서 '산다는건 경이擎異롭다'는 생각이 들었다. 종일 검은 돌 깨는 작업을 해 봐야 하루 치 밥값도 채 되지 않지만, 할 일이 그것밖에 없으니 그저 묵묵히 일하는 이들(대부분이 여자들이나 아이들이었다).

다시 찾은 파슈파티나트 사원엔 무슨 명절이라 나들이객으로 바글거렸고, 100루피가 조금 모자라는 돈을 받고 멋지게 헤나 문신을 척척 그리는 이, 연필 한 자루로 초상화를 그리는 젊은이. 여러 사원을 둘러보면서 '어찌 이리 솜씨가 좋은 사람들의 삶이 이리도 고달픈가?' 마음이 짠하였다. 파슈파티나트 사원을 내려오다 망치 소리에 발을 멈추어 보니, 타국으로 일하러 갔다 주검이 되어 돌아온 이를 화장하기 위해 관에서 꺼내고 있었다. '희망'으로 떠난 그 길에서 시신이 되어 돌아온 그이, 그이를 시신으로 실어 보낸 타국에서 함께 지내던 동료들. 산다는 것, 살아내기는 '허투루 살아서는 안 되는 것'이다.

어쩌다 그들에게 매력을 느꼈을까? 호주를 다녀오면서도 나는 원주민들의 삶에 더 매력을 느꼈고, 말레지아 어느 오지에서 만난 원주민 아이들, 튀니지에서 만난 이들, 네팔리들. 그들의 삶에서 내가 배우는 건, 이성이나 지성의 눈으로는 보지 못하는 그 너머 실재를 볼 수 있는 마음의 눈을 떠가는 것이다. 연대감이랄까 얼굴을 맞대고 보는 앎이 주는 통찰이다.

그래서 늘 아쉬움이 남는다. 어쩌면, 지성이나 이성이라는 잣대로만 보아온 삶에 대한 회한일지도.

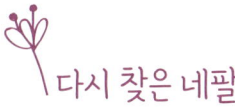
다시 찾은 네팔

다시 찾은 네팔은 푸르름이 넘쳤다. 지난겨울, 그 황량함에 가슴이 아렸기에 여름의 푸르름이 그리 반가울 수가 없었다. 그래서일까? 카트만두 공항을 나와 곧바로 출발한 포카라까지의 예닐곱 시간이 그리 힘들지 않았다.

여독을 채 풀기도 전에 CBRS와 SEWA에서 아이들을 만났다. 헤어지며 'See you again?'을 묻던 이들에게 차마 그러마고 약속하지 못했던 아이들, 몸을 제대로 가누지 못하는 아이들이 어찌 되어 있을지 그것이 더 염려되어 차마 약속을 못 하였던 것. 그 아이들이 성큼 자라있었.

작년에 이어 다시 참여한 아이들, 써미차, 쑤쓰미따, 머헷, 레건, 히랄랄. 다리를 끌며 겨우 걷던 써미차가 양 갈래로 머리를 예쁘게 묶고 우리를 쳐다보며 혼자서 걸어들어오고, 꼬물거리던 쑤쓰미따는 키가 훌쩍 크고, 무거워 안지도 못하겠다. 맘대로 돌아다니기만 하던 레건은 "디디(언니)!"를 부르며 앉아 있기도 하고. 아이들아! 정말 고맙다.

나를 알아보는 엄마들과 인사를 하며, 살아낸 세월이 어찌하였을지 그 짐작만으로도 가슴이 뻐근해졌다. '그래, 오길 참 잘했어!' 반짝이는 아이들의 이마, 겨울과 여름을 잘 이겨낸 아이들의 여문 웃음이 고맙고, 고맙다.

여름 네팔은, 한낮의 더운 공기가 올라가다 찬 공기와 만나면서 해가 지고 밤이 되면 소나기가 되어 장하게 내리기를 매일같이 반복한다. 덕분에 함석지붕을 이고 있는 작은 강당은 말 그대로 찜통이었다. 어쩌다 운 좋으면 천정에 곧 떨어질 듯 달려 있는 한 대의 선풍기를 잠시 돌릴 수 있었을 뿐 그 어떤 대책도 없이 더위를 견뎌야 했지만, 우린, 다만, 아침에 비가 오지 않기를 빌었다. 비가 오면 아이들이 올 수가 없기 때문이다.

고맙게도 비는 밤새 내리다 새벽이면 그치곤 해서 준비한 프로그램을 다 소화할 수 있었다. 활동을 모두 마치기 하루 전날, 이른 아침까지 내리던 비는 도무지 그칠 것 같지 않아 애를 태우더니, 아침 먹을 즈음 언제 그랬냐는 듯 뚝 그쳐 그저 감사한 마음으로 한달음에 달려가서 강당을 꾸미며 일주일간의 모든 활동을 기념하며 잘 마무리하였다.

덥고 습해서인지 여기저기에서 도마뱀이 어슬렁거렸다. 먹이가 나타나면 순식간에 낚아채고, 꼬리가 잘리고, 다리 하나쯤 떨어져 나가도 날래게 뛰어가거나 오히려 때 놓고 도망가는 도마뱀. 손바닥 만 한 벌레가 유유히 스쳐 지나가다 날아가는 기세에 놀라고(차마 바퀴벌레라고 하기엔...), 엄청난 모기들은 새로운 피 맛(?)을 보려고 달려들고, 이름 모를 벌레들, 땀띠와 햇빛 알레르기... 다들 나를 걱정했다. 나에게 가장 치명적인 모기는 알럽네팔 10년 역사에 처음 등장한 모기장 덕분으로 모기를 잘 피했다. 활동 셋째 날 땀띠가 나려고 해서 걱정이었는데 다행히 비가 많이 내리면서 밤새 기온이 내려가 가라앉았다. 다들 땀띠와 햇빛 알레르기로 고생이 이만저만이 아니었는데, 나는 멀쩡해서 얼마나 다행이었는지. 오히려 썬탠을 한 듯 건강해 보일 정도였다.

아침이면 닭이 홰를 치는 소리와, 개 짖는 소리(이녀석들은 잠 좀 잘라치면 더 짖어대는 통에 혼이 빠질 지경이었다), 까마귀들의 아우성에 일어나 한나절 아이들과 뒹굴고 나면 온몸이 늘어지고, 머릿속은 하얗게 되며 멍해졌다. 점심을 먹고 잠시 쉬고는 오후 활동 마치고 숙소에 와서는 평가회와 다음 날 활동 준비로 밤을 새웠다.

겨울보다야 훨 낫지만, 선풍기로 잠시 땀을 돌릴 만하면 정전으로 멈추고, 시원한 물이라고 가져온 물은 항상 미지근하다. 그래도 가이드의 배려로 얼음물을 가끔 마실 수 있어 얼마나 행복하던지.

우린 더워서 어쩔 줄 못하는데, 덥다고 손 부채질이라도 하는 사람도 없고, 얼음물을 마시는 우릴 보고는 네팔리들은 마치 외계인을 보듯 했다. 그리고 그들은 비가 온다고 우산을 들지도, 뛰어가지도 않고 유유히 걸었다.

여름 네팔을 다녀오면서 사람도 그렇듯 자연도 4계절을 다 겪어봐야 조금 안다고 할 수 있다는 생각을 했다. 이제 조금 더 네팔과 네팔리들을 알 수 있었고, 처음의 먹먹함과 달리 희망을 볼 수 있었다. 그리고 '쁘리므나(만월滿月)'라는 네팔 이름도 얻었다.

신종플루 때문에 미루어졌던 SEAN 10기 활동은 그야말로 우여곡절 끝에 2010년 8월 2일 출발하여 8월 16일 새벽 무사히 돌아왔다. 출발 당일까지도 마음을 놓지 못할 만큼 어려움을 겪었지만, 마치고 돌아오는 맘은, 서로의 배려와 아이들이 행복해하는 모습으로 모든 시름을 다 덜었다. 그래서 다들 가장 빛난 얼굴로 돌아왔다. 우린 그렇게 14박 15일을 꿈결같이 행복하게 보내고, 그렇게 올 한해를 다 보낸 것 같다.

오늘을 살아

혼자라고 생각했는데,
고비마다 함께 해 준 이들이 있었다.
그래서 난, 앞으로 더 나아갈 것이다.

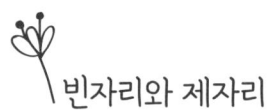
빈자리와 제자리

주말 내내 내린다던 비는 오지 않고 후텁지근하더니 서울 다녀오는 깊은 밤, 차창으로 비가 든다. 차창에 드는 빗방울을 보다 'Before the Rain'의 영상이 떠오른다. 인연과 상처로 몸부림치는 막막한 일상을 그린 영상은 너무 일상적이어서 더 절절하였다. 마지막 장면에서 늙은 수도승은 키릴에게 "시간은 지나가지. 원은 항상 둥근 것이 아니야"라며 위로한다. 그 말을 듣고 돌아오는 하늘에 먹구름이 모여 비가 내린다. 마치 새 세상을 예고하듯.

지난 며칠 엄마랑 아버지, 나 이렇게 온 식구가 몸살을 앓았다. 서로 눈물 바람이라 마주 보지도 못하였다. 든 자리는 몰라도 난 자리는 표가 난다고 어디 한 군데 상우의 흔적이 없는 곳이 없었다. 못 해 준 것만 생각이 나고, 하교 시간이면 우당탕거리며 골목을 들어서는 것 같아 대문을 쳐다보곤 했다. 밥상머리에도 상우 자리는 비어있고, 대문을 열고 들어서면 "새미 왔다!"며 뛰어왔는데. 자로 잰 듯 반듯하니 신발이 정리되어 있던 현관에서도, 머리카락조차 집어내어 깨끗하던 거실에서도 그렇게 비어버린 상우 자리.

못내 아쉬워 담임 선생님께 물어보니 기숙사에서 이틀 만에 힘들다고 해서 상우 엄마가 학교 근처 남자 선생님이 하시는 그룹 홈으로 옮겼다고 한다. 기숙사에서 한 달간의 가 입소 기간이더라도 일주일은 경과를 보아주려니 했는데 그럴 수가 없었나 보다. 지금 옮겨간 곳에서나마 잘 있어 주었으면, 아니, 그 선생님이 좀 길게 봐주었으면 하는 바람뿐이다. 그래, 고삐 풀린 망아지 같은 네가 규율에 따르려니 얼마나 힘들겠니? 한편으로, 상우가 사춘기를 겪으면서 힘들게 하는 것을 삼사 년을 견디다 어쩔 수 없이 보냈는데, 특수학교 기숙사에서 겨우 이틀 만에 못 보겠다고 돌려보냈다니 속상하기도 하고 아쉽기도 하다.

 우리 아이들은 사춘기를 겪으면서 문제행동과 함께 정신병리 증상들이 나타나는 경우가 많다. 상우는 워낙 어릴 때부터 내가 보아왔고, 호기심이 많아 엉뚱하게 사고를 치기도 하고, 아주 가끔 성질을 부리기도 했지만, 순둥이인데다 말로 통제가 되었기에, 설마 이렇게까지 심각해지리라고는 생각도 하지 못했다. 그래서 상우네가 진주로 이사를 와 함께 살려고 계획을 세우기까지 했다. 어쩌면 키운 정 때문에 보지 않으려 했는지도 모르겠다.

 작년 이맘때부터 충동조절이 되지 않으면서 자해 행동이 늘어 난감했었다. 몇 날 며칠을 한숨도 자지 않고 애를 먹여 온 식구가 같이 잠을 못 자도 견딜만했지만, 자해가 늘어나면서 이제 할머니(우리 엄마)를 함부로 때리기까지 하고, 나에게도 힘으로 덤벼 어쩔 수 없이 보내게 되었다. 그러나 상우가 집으로 돌아갈 수 있었으면 이렇게 섭섭하진 않았을 거다. 오히려 다행스러웠을 것이다. 아직 상우네 사정이 여의치 않아 다른 시설로 가게 되어, 이제 '시설원생'이 되어 이렇게 가슴이 아리는 것이다. 그렇지만 어쩌랴, 내가 감당할 수가 없는데. 단지, 잘 적응하기만 기도할 뿐. 상우가 가고 우리 집 물건들은 제자리를 찾았다. 화장품은 화장대에, 치약과 칫솔, 비누는 욕실에, 연필은 연필꽂이에, 옷은 옷걸이에... 이제는 하수구가 막힐까 걱정하지 않아도 되고, 이제 내 마음만 제자리를 찾으면 된다. 사람이 꽃보다 아름다운 건 정(情) 때문인가 보다.

상우 짐들을 챙겨 집으로 보내고 오늘을 어찌 보냈는지 모르겠다. 그리고 어찌해야 할지도 모르겠다. 그 녀석의 자리가 이리 클 줄도 몰랐고, 이리 가슴이 아플 줄도 몰랐다. 상우가 이제 스무 살이니 꼬박 12년을 같이 살았다. 상우 엄마 말처럼 나랑 같이 산 세월이 더 길다. 평생 같이 살 거라는 생각을 하지도 않았고, 그저 같이 있을 수 있을 만큼이라고만 생각하면서도 이렇게 헤어질 거라고는 생각하지 않았나 보다. 내 안에 알맹이가 쏙 빠져버린 것 같다.

게으른 소처럼

온종일 게으른 소처럼 뒹굴다 뜨거운 물에 샤워하고 커피 한 잔 내려 마시니 온몸이 개운하다. 오랜만에 맛보는 '브라질' 커피의 구수함이 참 좋다. 연휴를 맞아 내려온 한비네 식구들과 알밤네에서 게으른 소처럼 1박 2일을 보내고 왔다. 마당에서는 여섯 명이나 되는(이제 곧 일곱으로 늘 것이다) 아이들이 아무런 거리낌 없이 흙 속에서 뒹굴고 있다. 세상에서 행복한 것 중 하나는 이렇게 맘껏, 온몸으로 뒹굴며 노는 아이들을 곁에서 지켜보면서 수다 떨며 같이 늘어지게 한 숨자는 것이다. 한비 아빠는 아궁이에 불 지펴 쑥과 나물 삶아내고, 알밤이랑 나는 툇마루에서, 부엌 바닥에서 종알종알 수다가 늘어졌다.

한비 아빠가 아이들 데리고 방앗간에 가서 쑥과 불린 쌀을 갈아다 주어서 익반죽해서 개떡을 쪄내고, 그 사이 온종일 물놀이를 못해 근질거리던 아이들은 냇가에 고동 잡으러 가고, 우린 또 수다 떨다 마당에서 정구지와 방아잎 따서 부침개 부쳐 먹었다. 마침 냇가에서 빈 바구니로 돌아온 아이들과 둘러앉아 개떡이랑 부침개 실컷 먹이고, 울 엄니 드린다고 꿀이랑, 애들이 산에서 따온 오디 한 소쿠리 담아 아쉬운 마음으로 돌아왔다.

　토요일 오후, 해거름에 마침 꽃 축제 중인 함양읍을 지나 오도재를 넘어 창원마을로 갔다. 축제 중인 꽃밭을 지나는 마음은 편치가 않다. 화려한 양귀비가 지천임에도, 그 꽃이 꽃으로 피는 것이 아니라 '축제'를 위해 피워내서이다. 축제가 끝나면 곧 갈아엎고 모내기를 해야 하는 꽃밭은 왠지 플라스틱 조화보다 부자연스럽다.

　지난밤, 상우 때문에 뜬눈으로 꼬박 새우고 저녁 무렵 창원마을에 도착하니 온종일 놀다 지친 아이들은 평상에 앉아 노닥거리며 저녁밥을 기다리고 있었다. 알밤과 한비아빠는 상추와 시금치 뜯어 나물 무치고, 아궁이 짚불에 고기 구워내고, 샐러드까지 곁들여 저녁을 먹으니 세상 부러울 것이 없다. 설거지하고 오미자에 얼음 띄워 마시며 보름달 가득한 툇마루(달빛이 좋아 불도 켜지 않았지)에서 회포를 풀다, 어느결에 군불을 지핀 아랫목에서 혼곤히 잠이 들었다. 그렇게 깊은 잠을 자다 닭이 홰를 치는 소리, 부엌에서 가마솥 여닫는 소리에 잠이 깨서는, 아침 안개 너머로 지리산 한번 쳐다보고, 밥 다했다는 소리에 고양이 세수로 밥상을 받았다.

　묵은김치 뭉근히 끓여 흐물거리는 김치찌개로 한 그릇 뚝딱 하고는 그대로 "나 잘 거야! 깨우지 마!"하고는 아랫목에 누워 잠이 들었다. 잠결에 조용해서 눈을 떠보니 나 잘 자라고 아이들 데리고 모두 산으로 갔다(오! 땡쓰~ 또 잤다). 허리가 아프도록 늘어지게 자고는, 툇마루로 나가니 알밤이 오디 먹으라며 바구니를 내밀고, 옆에 있는 앵두도 먹고, 하품 늘어지게 하고 나니, 아웃집 아줌마가 이제 11개월 된 다운증후군을 가진 동네 아이와 부모님을 데리고 왔다. 겨우 눈꼽만 떼고, 부모와 얘기를 나누었다(놀 때는 놀고만 싶은디~).

어제 오늘은 정말이지 '양푼에 수수엿 녹여 먹으며 이름 없는 여인' 처럼 늘어지게 놀았다.

> 삼밭엔 오이랑 호박을 놓고
> 들장미로 울타리를 엮어
> 마당엔 하늘을 욕심껏 들여 놓고
> 밤이면 실컷 별을 안고
> ...
> 놋양푼의 수수엿을 녹여 먹으며
> 내 좋은 사람과 밤이 늦도록
> 여우 나는 산골 얘기를 하면
> 삽살개는 달을 짖고
> 나는 여왕보다 더 행복 하겠오
>
>   노천명/ 이름없는 여인이 되어 중에서

어제오늘 실컷 자고 나니 좀 살 것 같다. 계속 찾아오는 아이들로 석달째 쉬지 않고 수업을 해야 했고, 그런 사이사이로, 보미가 식도협착

으로 식도 확장술을 했다고 연락이 왔고, 수미의 치료 역시 지지부진한 것 같아 애가 타고, 상우는 진정될 기미는 보이지 않고 계속 애를 먹이고, 그런저런 일들로 그저께 밤에는 상우 지켜보느라고 밤을 꼬박 새우다 눈물밖에 나질 않았다.

함양 오도재 가는 길 창원마을은 뽕나무와 제피나무, 호도 나무가 저마다 열매가 익어가며 맘껏 자신의 향기를 뿜어내고, 앵앵거리는 꿀벌과 탐스러운 장미가 (문득, 다알리아도 피어 있으면 더 좋겠다는 아쉬움이...) 흐드러지게 피고 있었다. 아이들의 종알거림과 웃음이 넘치고, 마당 가득 하늘과 산을 드리우고, 햇빛과 달빛에 젖어 내 좋은 사람들과 행복한 날이었다.

새로 등산화를 사다

얼마 전 등산화를 새로 샀다. 친구가 소개해준 덕분에 전문가들 매장에서 착한 가격으로 사고, 배낭은 아직 맬 수가 없으니 다음으로 미루었다. 지난 토요일에 춘천을 가려다 못 가고 망설이다 가까운 노고단을 다녀왔다. 아쉽게도 안개가 많아 단풍을 제대로 보진 못했지만, 언제나 아름다운 길 19번 국도를 오며 가며 바라본 섬진강의 물색은 그 아쉬움을 재우고도 남았다.

짚어보니 10여 년 만에 올라보는 산이다. 성산재에서 시작하는 거니까 등산이랄 것도 없는데, 다시 산을 다녀보자고 시작하기에는 왕복 2시간, 아주 안성맞춤이었다(그래, 오늘은 2시간만 하는 거야). 아직 배낭은 무리라 작은 물병과 손수건 한 장만 들고 아주 가볍게, 힘들면 중간에 내려오기로 하고 걸었다. 20여 분이 지나면서, 심장 뛰는 소리가 '운명교향곡' 수준이다. 그래도 멈추지 않고 걸은 덕분에 40여 분이 지나자 숨결이 고르게 돌아왔다(오~ 호! 아주 양호한데?).

그렇게 한 시간 여를 걸으니, 내려오던 사람들이 내 몰골이 말이 아니였는지 "이제 조금만 가면 돼요. 바로 저기예요"라며 말을 건넨다. 산에 오르면 이런 말을 건네는 사람들이 고맙다. 아직 나는 숨이 차서 그런 말을 나눌 여력이 없어 아쉽다. 첨에 산을 오를 때, 내려오는 사람들에게, 얼마나 남았느냐면, 조금만 가면 된다고, 10분쯤 남았다고들 해서 그런 줄 알았다. 그런데, 가도 가도, 숨이 꼴딱 넘어가겠는데 정상은 보이지 않고, 그래도 내려오는 사람들마다 '조금만 더 가면 된다'고 했다. 그래서 "산에서는 10분이 왜 이렇게 길어? 왜 다들 조금만 가면 된대? 가도 가도 끝이 없구만?" 투덜거렸다. 나의 투덜거림에 같이 산에 오르던 친구는 "그냥 가 임마!" 그랬지. 산을 훨훨 날아다니던 그 녀석이 항상 내 배낭을 대신 매 주었는데 없으니 아쉽다(좀 그립기도 한가?).

"조금만 더 가면 된다."는 내려오는 사람들의 말에 힘을 얻어 한 걸음씩 올라가다 보면 어느새 정상에 오른다. 그 기쁨에 산을 따라 다녔다. 굳이 정상이 아니더라도, 숨이 꼴딱 넘어갈 무렵, 잠시 숨을 고르며 맛보는 산바람, 나무 냄새가 얼마나 맛있는지? 그리고, 새봄엔 연두와, 여름 초록, 창창한 물소리, 가을 단풍과 낙엽, 겨울엔 눈. 그리고 산에는 언제나 저마다의 꽃과 열매가 있다. 그래서일까? 산은 내게 따뜻함으로 다가온다.

어두워진 산길을 내려오면서 겨우 2시간이지만 포기하지 않고 다녀올 수 있어 참 좋다. 참 고마운 일이다. 이렇게 다시 산을 오를 수 있으니. 노고단 고개에서 천왕봉까지 25.4Km지리산 종주 안내판을 보면서, 내년엔 저 길을 걸어보았으면 하는 바람을 품어본다(며칠이 걸릴지라도...). 그리고 겨울이 오기 전에 다시 와야지.

직장 생활

어릴 때부터 하도 죽을 고비를 넘기고, 사람 몰골이 아니라 아무도 내가 사람 꼴을 하고 살리라는 기대를 하지 않았다. 나 역시 기대하지 못했다. 그러다 대학 졸업 무렵, 방문을 열려다 '결혼을 해도 데리고 살 거니 걱정말라'는 큰오빠와 어머니께서 내 걱정을 하며 나누는 이야기를 듣고는 그 말이 고마우면서도, 아픈 것도 서러운데 식충이가 될지도 모른다는 생각에 견딜 수 없었다. 그때, '부디 식충이 인생이 아니라 나 스스로 살아갈 수 있게 해 달라'고 가장 절실하게 기도를 한 것 같다.

대학을 졸업하던 그해 겨울, 지인의 도움으로 정말 고맙게도 내가 늘 꿈꾸던 보육원 교사로 직장 생활을 시작했다. 보육원에서 장애 유예 아동을 만난 인연으로 대학에 학사 편입하여 재활학과를 졸업하고 언어치료사로 장애를 가진 아이들을 '전문가'로 다시 만났다. 그래서 나는 '임선생'이란 호칭을 가장 좋아한다.

그렇게 시작된 사회생활은 결코 만만하지 않았다. 어떨 땐 내가 만나는 사람들 역시 세상사에 시달리는 사람들이라 나를 더 아프게 했다. 하지만 하나님의 은혜로 나를 마음으로 받아들이고 도와준 사람들이 있어 지금까지 잘 견뎌왔다.

출근 때마다 화장이나 치장이 아니라 드레싱 하느라 기운을 다 써야 했고, 아파도 내색할 수 없어 진통제를 밥보다 더 많이 먹으며 견뎠다. 그것도 객지에서 혼자 해냈다. 그렇게 10년을 버티다 '이유를 알 수 없는 열'로 쓰러져 집으로 돌아왔다. 계획보다 빨리 대학원을 다니게 되어 일하며 공부하다 결국 몸이 완전히 망가져서 또 죽을 고비를 넘겼다. 한 3년 전부터 참 고맙게도 기적처럼 70% 정도 회복하여 지금까지 '아프지 않아 참 좋은 세월'을 살고 있다.

그러나 완전히 치료된 것이 아니라 여전히 고질적인 부분은 애를 먹이고, 다시 나빠지기도 하고, 또 가끔 견딜 수 없는 통증도 있다. 더구나 새로운 치료를 시도할 때면 매번 호전과 퇴행을 거듭하여 고통을 겪는데, 얼마 전부터 또 그 과정을 겪고 있다.

어제는 좀 가라앉던 통증이 다시 도져서 너무 아파 잠을 못 잤다. 겨우 눈을 뜨고는 그림 그리러 가는 날이라 갈까 말까를 한 시간 넘게 고민하다 겨우 추스려 그림을 시작했는데 결국 한 시간도 채 못 그리고 돌아왔다. 열이 나고 임파선이 부어올라 해열진통제를 먹고 아이들 수업을 가면서 참 씁쓸했다. 이렇게 통증이 시작되면 속수무책으로 견딜 수밖에 없다. 언제 그랬냐는 듯 말짱해질 때까지.

이 통증이 무서워서, 매번 고통스럽지만, 치료를 위해 새로운 시도를 하는 것이다. 물론, 지금이야 진통도 되고, 아주 가끔 일어나는 일이라 예전과 비하면 장난이다. 견디는 데는 이골이 났지만 그래도 매번 입에서 단내가 난다.

이렇게 주절주절 넋두리가 길어지는 것은 통증보다 무너지는 내 마음을 붙들기가 더 힘들어서이다. 어느 시인이 그랬지.

쓸쓸하고 혼자인 날들
아이야
강가로 가볼 일이다
거센 강 물줄기는 말고
이 물 맑은 소리나 따라가
쓸쓸하고 더욱 혼자인 날은
아이야

이 재호 시인의 「다시 한강을 생각하며」 中에서

이제 흐르는 강에다 이 넋두리를 흘려보내야 하지 않을까? 내가 일을 하고, 돈을 벌고, 의지하지 않고 스스로 사는 게 얼마나 고마운데? 그 나머지는 나중에, 나중에…

어느 여름날

오늘도 무지하게 덥다. 다행히 몸이 개운해져서 점심 먹고 커피까지 마시고 출근하려는데 공방에서 보낸 택배가 와서 풀어보니 바리바리 챙겨 보내주신 비누와 기초화장품, 바디젤까지 들어있다. 마치 소나기를 맞은 것 마냥 고맙다. 고맙다는 문자 보내고 출근을 서둘렀다.

첫 시간은 언제나 방실거리며 웃는 가영이, 오늘은 더 깔깔거린다. 요즘은 정말이지 가영이 덕에 산다. 지쳐있다가도 이 녀석 웃는 모습에 같이 웃다 보면 어느새 얼굴이 펴진다. 오늘은 "선새니, 아웅(선생님, 까꿍!)" 하더니 지가 먼저 웃어버린다. 얼음 넣은 미숫가루 한 잔씩 같이 마시고, 호흡훈련과 받침소리 조음, 문장 만들기까지.

그다음 시간은 영서. 멜로디언 불면서 복식 호흡하기와 그림 보면서 퍼즐 맞추기를 한다. 이 녀석은 혼자여서인지 언제나 어리광이다. 모른 척하고 있었더니, "혼자서 해야지. 혼자서 해 봐야지"하면서 내가 하는 말 흉내 내며 열 번도 더 말하고는 정작 두어 번 하고는 나를 애절하게 쳐다본다. 그래도 두어 번 혼자 해내서 용서하고 같이 40조각 퍼즐 완성. 두어 달 꾸준히 복식호흡 연습한 덕분에 4~5음절은 한 호흡에 한다.

성현이가 좀 늦게 들어서면서, "오늘 좀 늦었어요!" 라는 말에 깜짝 놀랐다. 작년 12월에 만나서 이 여름 날 처음 들어보는 '자기 말'이다. 항상 남의 일처럼 자신의 말을 하던 아인데, 그것도 몇 번을 물어야, 기어가는 소리로 겨우 한마디 대답하던 녀석이다. 지난주부터 좀 달라진다 싶더니 오늘은 이렇게 나를 놀라게 한다.

빙글거리며 농땡이 치려는 문수를 토마토 2개 먹여서 꼬셔 앉혔는데, 딴전을 피우며 빙글거릴 뿐, 입을 다물고 있다. 겨우겨우 꼬셔서는 기본모음 발성 한번 하고는 또 입을 닫아버려서 그만하자고 엄마를 불렀다. 정기검진 가는 날이라 배웅하고 오는 마음이 편치가 않다.

재현이는 요즘 어찌나 애를 먹이는지? 내 새끼 같으믄 두들겨 패주고 싶은 놈이다. 무슨 사춘기가 벼슬인지? 그나마 오늘은 기특하게도 아빠가 안 계신데도 말썽 안 피우고 해낸다. 이 더운 날 실랑이 벌이지 않은 것만으로도 고마운 일이다.

센터에서 퇴근하기 전 아무래도 맘에 걸려 그녀에게 전화를 했다. 걱정하던 대로 거진 넋이 빠져있다. 어찌 안 그렇겠는가? 스물여덟, 평생을 '내 몸은 왜 이럴까?' 하던 고민이 불치병으로 진단을 받았는데 얼마나 가혹한 일인가?

"그냥 모르는 게 더 나았을까요? 넘 혼란스러워요. 도대체 난 뭔가? 라는 생각만 계속 맴돌아요. 이 산 넘으면 끝이겠지 했는데 이게 뭐냐구요? 무슨 여유라도 줘야지 이렇게 몰아붙이면 어떡하라는 거냐구요? 하나님은 도대체 뭐하시길래 날 내버려 두는 걸까? 원망을 하려 해도 할 데가 없어 하늘만 째려보고 있어요!" 뭐라 할 말이 없어 그냥 듣고만 있다 눈물이 나서 같이 울었다.

애야! 너 지금까지 혼자 잘 해 왔어. 그냥 지금은 원망스러운 거 원없이 혼자서라도 쏟아버리고, 바닥을 차고 올라오렴! 이렇게 오늘 하루를 보냈다.

 상처

영화를 보다 보면 낯이 익은데 배우 이름이 퍼뜩 생각나지 않을 때가 있다. <댄인 러브> 예고를 보다 낯익은 저 배우가 누군가 한참을 생각했다. '줄리엣 비노쉬'다. 그녀라는 걸 알고는 '나이를 먹었구나'라는 아쉬움보다는 다정하고 편안해 보여서 더 사랑스러웠다. 같은 또래인 데다 매력적이라 그녀의 영화는 주저치 않고 본다. <퐁네프의 연인들>에서 그녀는 미쳐서라고 살고 싶은 삶의 애착을 보여주었고, <프라하의 봄>에서 그녀는 천진스러웠으며, <데미지>에서는 지독한 자기애를 보여주었다. <잉글리쉬 페이션트>에서는 지순했으며, <나쁜 피>에서는 쓸쓸한 연인, <블루>에서는 깊은 슬픔을 보여주었던 그녀가 <댄인 러브>에서 다정하고 편안하게 나이를 먹었다.

젊은 날 <데미지>에서 그녀는 'Remember! Damaged people are dangerous.'라며 나를 쳐다보는 듯 했다. '그래, 더는 마음에 담아두면 나를 다치게 하고, 다른 사람에게조차 상처를 주게 될 거야! 마음은 병들지 말자!'며 나를 달랬다. 물론, 아무 일도 없었던 듯 돌이킬 수야 없지만, 그러나 방치하지는 말자고 나에게 약속을 했다.

그 후로 힘든 일을 겪을 때면 상처를 만들지 않으려 애를 썼다. "잊으려 애쓰지 말고, 가슴 깊은 데 꼭꼭 묻어 두었다, 나중에, 나중에 아무렇지도 않을 때 그때 풀어 놓으라"며 나를 위로해주던 그 사람의 말처럼 아픈 기억들은 깊이 묻어 두었다.

그 시절은 어쩌면 남은 내 인생이 가족들에게 식충이로 살게 될지도 모른다는 불안감 때문에 대학 졸업 후 어렵사리 직장에 들어갔고, 그 직장에서 5개월 만에 참패를 당하고, 어느 분의 도움으로 선교단체에서 장학금을 받으며 학사 편입하여 다시 대학을 다니던 때였다.

아무리 도리질을 해봐도 첫 직장에서의 쓰라린 상처가 아물질 않았다. 오히려 더 선명해져서 불쑥불쑥 고개를 내밀곤 했다. 힘을 다해 방망이질하는 데도 머리를 내미는 두더지처럼 기억들이 비집고 나오는 통에 온몸이 가시투성이 같았다. 그 가시들이 화살이 되어 나에게로 와 박혔다. 잊은 줄 알았던, 적어도, 무던해진 줄 알았던 사람들과 기억들. 나는 하나도 버리지 못하고, 잊지도 못하고 고스란히 안고 있었다.

그 생각의 끝은 언제나처럼 내 젊은 여름날 우연히 마주쳤던, 마구 뒤엉킨 머리에 헤실거리며 따라오던, 내 또래의 그녀였다. 학교 주변에 가끔 나타나기도 하던 그녀는 생일이라고 찾아온 친구와 촉석루에서 노닥거리고 있는 우리를 따라다녔다. 그 날은 내 생일이었는데도 그 녀석은 지 얘기만 했다. 자기를 버리고 떠났다는 엄마 얘길 흘려 듣다가 그녀와 눈이 마주쳤다. 문득, 미쳐서라도 아니, 미친 척이라도 해서 살아야 하는 게 인생이라는 생각을 했다.

대학 졸업을 앞두고 복잡하고 힘든 일들이 나의 자존 능력마저 앗아가는 그런 시절이었다. 잊을만하면 마주치는 그녀를 보면서 무슨 아픔이 있길래 정신 줄을 놓았을까 안쓰럽기도 하면서 정신 줄을 놓고 사는 용기가 부러웠다. 나의 정신은 고래 심줄을 닮았는지 도무지 놓치거나 끊어지는 법이 없다.

고래 심줄 같아 놓치질 않는 아픈 기억들을 하나님께 드리기로 하였다. '주께서 나의 슬픔을 변하여 춤이 되게 하시며 나의 베옷을 벗기고 기쁨으로 띠 띠우셨나이다(시편 30:11).'란 말씀이 내게 이루어지길 소원했다. 그 말씀 덕분에 상처로 옹이를 남기지 않고 지구 반대편 사람들에게 '마리엠(마리아)'이란 이름을 얻고 네팔리들에게서는 '쁘리므나(滿月)'로 불려서 얼마나 다행인지. 무엇보다 꼬맹이 조카들이 "이모는~ 눈이 예뻐! 반짝거려~"라니 얼마나 고마운가!

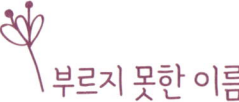
부르지 못한 이름

　어제 내린 비로 화르르 꽃잎을 떨구어낸 나무들이 몸살을 앓은 듯 수척해 보인다. 하지만 머지않아 그 자리에 연두빛 새잎이 초록으로 무성해질 것이고, 여름 내내 열매가 여물어질 것을 알기에 아쉬운 마음을 달래어본다. 온종일 내리는 비에 살아있음을 온몸으로 자랑하던 꽃잎을 다 떨구어내고, 흠뻑 젖은 채 그 자리를 지키고 있는 나무를 보니 왠지 마음이 아프다.
　지난 며칠 나는 몸살을 앓았다. 그저 흐르는 물처럼 평온한 일상과 달리 나는 지독한 상실을 앓고 있었다. 지난달 병원에 있을 때, 대학 동아리 초창기 멤버들인 역전의 용사들 7인방이 19년 만에 나타난 친구 덕분에 모였다며 밤중에 전화가 왔었다. 어찌나 반갑던지! 병원에 왜 있냐는 말에, "응, 예뻐질려구." 나의 말에 한 친구 왈 "야! 넌 20년 전에도 예뻤고, 지금도 예뻐. 니가 은주라서 좋아하는 거지, 더 예뻐진다고 좋아하냐?" 훅 들어 온 그 말에 난 할 말을 잃었고, "넌 이 밤에 어떡하라고 감격하게 해? 입술에 침은 발랐냐?"라며 싱겁게 웃었지만, 그 밤을 하얗게 새웠다.

몸이 좋아지면서 사람들이 건네는 "이제 시집가야지?"라는 말이 나의 자존심을 건드렸고, 어느 사이엔가 화살이 되어 박혀서 자존 능력까지 앗아가 버린다. 며칠 전 또 그 말을 듣고는 "내가 멀쩡해져야 하는 결혼이면 그런 결혼은 안 하고 싶어!"라며 쏘아붙여 버렸다.

그 날 수치심과 모욕감, 서러움으로 하나님과 씨름을 했다. 하나님은 나를 더 발가벗기셨다.

나의 더 깊은 곳에 켜켜이 쌓여있는 묵은 감정들을 들추어 내셨다. 그렇게 며칠 몸살을 앓다 우연히 그 사람을 만났다. 무심히 내려오던 에스컬레이터에서 어떤 시선을 느껴 눈을 들었을 때, 다리가 후들거렸다. '아~' 짧은 탄식이 새어 나오는 동안, "잘 지냈니? 좋아 보여 다행이다. 어머닌 어떠셔?" "아~ 예, 잘 지내요." 고마워요. 먼저 말을 건네주어서. 그냥 눈인사도 못 하고 지나칠 뻔한 사람.

반바지에 샌달을 신고 마트에서 마주친 그 사람은 조금은 낯설었다. 그렇게 보수적이던 그 사람에게서 세월이 남긴 빈틈이 보여서인가 보다. 두꺼운 안경 너머로 슬픈 눈빛이 여전하여 가슴이 먹먹했다. 문득 그 사람의 목덜미가 너무 슬퍼 보여 밤새 울었던 날이 생각났다.

그 사람을 만나면서 사람으로 채워지지 않는 빈자리가 있다는 걸 알았다. 그땐 너무 어려서 그 빈자리를 마주할 자신이 없었다. 그렇게 십수 년이 지나고 간간이 들려오는 그 사람 소식에 늘 가슴이 저렸다. 다음에 언제라도, 어제처럼 우연히 다시 만난다면 좀 더 좋은 시간 가질 수 있으리라. 그이 덕분에 쉴 새 없이 쫑알거렸던 십여 년, 헤어지고 십수 년, 언제나 나에게 기둥이 되어주신 당신께 깊은 감사를 드립니다. 고마워요. 부디 행복하시길.

 동명이인

어제 그제 바람이 몹시 불어 오늘은 어떠려나 했는데, 햇살이 어찌나 좋던지 출근길이 온통 꽃이다. 하루 사이 벚꽃은 활짝 피었고, 목련은 지고 있다. 노란 개나리는 또 어찌나 탐스러운지! 강을 따라가는 출근길엔 봄 물색 또한 꽃 잔치 못지않다.

오늘따라 강변길 산책을 즐기는 사람들, 자전거를 타는 사람들, 조금 더 가니 인라인을 즐기는 사람들. 봄 소풍 나온 유치원 꼬맹이들로 봄은 이렇게 무르익고 있다. 여유롭게 봄 구경을 하다 문득, 이렇게 출근을 하고, 운전하는 나 자신이 새삼 대견하기도 하고, 참 고마운 일이란 생각을 했다. 어느 누가 지금의 내 모습을 상상이나 했을까? 지금 차창 너머 스쳐 지나가는 사람들, 온몸으로 봄을 즐기며, 뒹굴며 놀고 있는 아이들. 그들과 나는 '유전자 하나의 차이'로 '자유'와 '구속'의 다른 삶을 살고 있다. 평생 '몸의 구속'을 벗어나려 애쓰는 '나'. 박지성이나, 김연아처럼 대단한 몸을 만들려는 것이 아니라 단지 '여느 사람과 같아지기' 위한 것일 뿐인데 평생을 걸어도 아직 멀기만 하다. 넘어지고 엎어지며 가까이 갈수록 더 멀어지는 것 같다.

이제 웬만한 자극은 견딜 수 있고, 고질적인 부위를 제외하고는 수포도 생기지 않고, 미세한 작업이나, 소소한 일상에서 남의 손을 빌려야 하는 일은 거의 없을 만큼 좋아졌다. 물론 아직, 자전거를 타거나, 인라인을 탈 수 있을 만큼은 아니지만 바느질을 배워볼까? 행글라이더를 배워볼까? 꿈에 그리던 발레를 배워볼까? 하는 즐거운 고민도 할 수 있다.

정말이지 지겨우리만치 애를 먹이는 고질적인 부위를 치료하기 위해 퇴원 이후 지금까지 새로운 시도를 하고 있는데, 워낙 애를 먹이는 부분이라 그런지 참 힘들다. 입에서 단내가 날 만큼. 오늘따라 나와 같은 이름을 가진 그 여자가 생각난다.

임은주
· 스포츠인 · 1966년 3월 13일 출생 · 아시아축구연맹(심판위원회 위원)소속 · 2000년 아시아축구연맹(AFC) 최우수심판 상 수상 · 경력-2007년 2월 국제축구연맹,(FIFA) 심판강사 · 2006년 MBC 독일 월드컵 해설위원

대학 시절엔가 신문에서 처음 내 이름과 같은 여자에 대한 기사를 보았다. 아마, 그때 무슨 마라톤 대회에서 신기록을 세웠는가 그랬을 게다. 지금은 기억이 가뭇하지만, 그 기사에서 나는 그녀의 '이름과 나이, 마라톤' 글자만 보였고, '어찌 이다지도 다른가'란 생각을 했다.

그 후로 그녀가 축구선수로, 축구심판으로 사는 삶을 지켜보면서 부럽기도 하고, 참담하기도 했다. 물론, 나의 노력이 그녀와도 모자랄 게

없지만, 그래도 가끔, 아니, 자꾸만 처연해지는 건 어쩔 수가 없다. 아! 정말이지 이제는 '몸의 구속'에서 바람처럼 자유롭게 살고 싶다.

오늘을 살아

주치의 선생님이 연구년이라 일 년 동안 진료를 쉬게 되었다. 그동안 두 어 달 이상 치료를 쉰 적이 없어 걱정되었으나 약 처방은 받을 수 있어 지내보기로 했다. 작년까지 신물이 올라올 지경으로 침이 무서워서 억지로 견디고 있었던 터라 쉼이 필요하기도 했다.

돌아보면 대학 시절에만 해도 담장 옆 교회를 가기 위해 씻고 드레싱을 하고 옷을 갈아입는 데 두어 시간이 걸려 준비를 하고도 2층에서 내려오는 사이 발등에 진물이 배어 나와 다시 양말을 갈아 신다 보면 진이 다 빠져서 예배를 드리던 시절, 만원 버스에 시달리다 출근길에 잠시 정신을 잃고도 아무렇지도 않은 듯 일을 하던 세월도 지나왔다.

학교 가는 버스 안에서 부딪히지 않으려 안간힘을 쓰다 휘청거리는 걸음으로 운동장을 지나 교실까지 그 먼 길을 지나왔다. 대문 밖을 나설 때마다 온갖 눈길을 견뎠고 대놓고 쳐다보는 아이들 눈길에도 그러려니 했다. "왜 그러냐?"는 말에 대꾸하지 않고 지나는 나를 따라와서 기어이 다시 묻는 사람에게 "그냥 지나가면 아파서 그런가 보다 하면 안 되나요? 꼭 그렇게 물어봐야 하나요?"라며 면박을 주기도 하지만 그런 날엔 정말이지 하나님이 미웠다.

병원을 오가며 치료를 하는 동안에도 치료를 받는 것만으로도 죽을 힘을 내야 하는데 환자들의 온갖 불평을 다 들어야 했다. 그냥 좀 '별난 환자구나' 넘어갈 수 있는 상황에도 기어이 병실을 옮기기도 했다. 주치의 선생님이 진료를 쉬는 연구년 동안 입원치료가 얼마나 힘들었는지 알았다. 다시 치료를 시작할 수 있을지 두려운 마음과 이제 그만하자는 마음으로 물도 삼키기 힘든 며칠을 보내며 하나님께 따져 물었다. '아직도 멀었나요? 오십 년 세월이 모자라나요?'

'눈물을 흘리며 씨를 뿌리는 자는 기쁨으로 거두리로다. 울며 씨를 뿌리러 나가는 자는 반드시 기쁨으로 그 곡식 단을 가지고 돌아오리로다(시126:5-6)' 하나님 아버지께서 조용히 말씀하셨다. "너의 끝은 실패가 아니야. 하나님이 지금 너에게 일하고 계셔. 네 눈물과 한숨이 손해 보지 않을 거야. 절망이 너의 끝이 아니야!" 눈물로 하나님의 약속을 붙들고 내가 뿌려야 하는 씨는 무엇인지 여쭈었다. 하루하루를 사는 것이라 하셨다. 하루하루를 살면서 내 삶의 열매를 맺어라, '오늘을 살아라!' 하셨다. 일어나 씻고 밥 먹고, 약을 먹고 상담을 위해 집을 나선다. 며칠 만에 나온 길은 햇빛에 눈이 부시다.

주치의 선생님에게 "내가 포기하기 전에 포기하지 말라"며 지난 십수 년을 쉬지 않고 지나왔다. 그중 4년은 진주에서 춘천으로, 박사과정을 시작하면서는 용인에서 춘천, 용인에서 양산으로 오롯이 혼자 오가며 학위도 받고 일과 치료를 병행하며 지금까지 왔다.

지금 나는, 고질적으로 애를 먹이던 것들이 거의 90% 회복을 보이고, 물샐 틈 없이 붙어 있던 발가락 사이가 허전해서 "내 발가락 어디

갔지?"라며 만져보곤 하다. '이러다 손톱도 다시 나는 거 아냐?' 하는 기적도 꿈꾸어 본다.

　야곱처럼 나그네 인생길을 험악하게 살아왔다고 여겼는데 오늘을 살라고 말씀하신 하나님께서 우리 엄마에서 맡긴 모세(건져 낸 자)라고 하셨다. 혼자라고 생각했는데, 고비마다 함께 해 준 이들이 있었다. 그래서 난, 앞으로 더 나아갈 것이다. 남은 것들이 그리 호락호락하진 않을 것이다. 그러할지라도 포기하지 않을 것이다. 남은 날 동안 다 닿지 못할지라도 이 길을 계속 걸을 것이다.

모순을 산다

평생을 죽어야 병 없이 건강하게 사는 모순을 살아왔다.
어쩌면 앞으로도 이런 모순을 껴안고 살아야 할지도 모르겠다.
오늘도 나는 몸에 상처가 하나도 없는 날을 기대하며 치료를 계속하면서
한편으로는 내가 불치병, 아니 난치병 환자라는 걸 제대로 실감하고 있다.

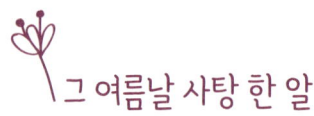
그 여름날 사탕 한 알

새해 첫날 친구가 보내준 일출 사진을 보다 네팔 앓이를 한다. '제 3세계 네팔 특수교육 지원단'으로 네팔을 다녀온 지도 십 년이 넘었다. 베이스캠프를 차린 포카라 사랑곳에서 마차퓨차레 일출 후 어떤 해돋이에도 그날만큼 감흥이 없다. 그 후 해마다 이맘때면 뜨거운 찌야를 홀짝이며 아이들을 기다렸던 아침이 사무치게 그립다.

부산 문현동 꼭대기 부산밀알선교단 부설 조기교육센터가 나의 두 번째 직장이다. 버스에서 내려 어른 걸음으로도 10여 분이 족히 걸리는 언덕에 있었다. 다섯 살배기 서진이는 아빠 등에 업혀 오다가도 슈퍼 앞에서부터는 과자를 사고 비틀거려도 꼭 걸어온다. 출산 중 의료사고로 뇌병변 장애를 갖게 된 서진이를 처음 만난 건 봄날이었다. 뇌병변 장애로 목소리조차 못 내던 아이가 온 힘으로 입술을 모아 "하~"라며 발성을 하고 비틀거리며 언덕을 올라오는데 속도가 붙었다. 그해 여름 어느 날 서진이는 현관에서 신발도 벗지 않고 나의 마중을 기다렸다. 온 얼굴로 빙글거리며 "하~" 하며 손을 펼쳐 보였다. 그 손엔 땀으로 범벅이 된 빠알간 사탕 한 알이 놓여 있었다. 서진이네는 인쇄소를 하고 있어 기름 먼지까지 엉겨있었다. 1초도 망설임 없이 받아먹은 사탕은 너무 맛있었다. 서진이는 온 얼굴로 웃고는 "하~악"하며 아빠를 올려다보았다. 그날 서진이를 안아 올리며 새털 같은 아이 다리에 힘이 붙기를, '엄마 아빠'라는 말을 어서 하게 해 달라고 주님께 기도했다. 그해 여름날 사탕 한 알이 내 삶의 이정표가 되었다.

아이들을 끌어들일 매력이라곤 하나도 없는, 오히려 피할 거리뿐인

나에게 아이들은 달려왔다. 덕분에 아이들과 나는 신나게 놀았다. 그렇게 놀다 보면 아이들이 말을 할 만큼 호흡이 길어지고 조음 점을 짚어주면 어눌하지만 두어 마디 말을 시작하고. 이렇게 언어와 정서, 행동을 가르치며 나는 언어치료사로 일을 하게 되었다.

창문을 열면 민들레 홀씨가 자기 집 인양 들어온다. 민들레를 볼 때마다 생각나는 민우! 민들레를 힘껏 불며 호흡운동을 하던 아이. 이름을 부를 때마다 웃음 짓게 하는 아이. 민우는 미래를 걱정하던 내가 다시 대학을 들어가 심리치료와 언어치료를 전공하고 첨 만난 아이다. 나를 보면 온몸으로 뛰어와 안기던 민우는 나에게 처음으로 교감을 나누는 것이 얼마나 행복인지를 가르쳐주었다. "선생님! 우리 민우가 누굴 이렇게 좋아하는 건 첨이예요! 나한테도 안 그래요? 이건 배신이야!!!"라던 그 엄마도 그립다. 책상 밑 사진 속의 민우는 싱글거리며 딸기를 베어 물고 있는 여섯 살배기이지만 지금은 삼십 대 청년으로 누군가의 아빠일지도. 민우는 아직 날 기억하고 있으려나? 언제라도 한번 보고 싶다.

사람들은 나를 보면 헛갈린단다. 분명 오십도 한참을 넘긴 싱글인데 들어보면 맨 아이들 이야기만 하고, 아이들 건사하는 거 보면 애 열둘은 키워본 솜씨라 놀라게 한다고. 그래서 싱글이 맞나? 헛갈리게 한다나. 난 아직 싱글이고, 또 아이들 열둘 넘게 키운 것도 사실이다.

"선 새니~~~" "그래, 가영아~ 들어와!" 근데 기척이 없고, 다시 "선 새니~~~" 이 녀석 오늘 또 마중 나오라는구만! 순간, 난 터져 나오는 웃음을 참을 수가 없었다. 오리궁뎅이, 똥땡이가 빨간 바바리코트를, 그것도 허리까지 졸라매고 너무도 당당하게 모델처럼 서 있었다.

게다가 나를 보더니 싱글거리면서 "선새니 나 이버?" 나는 겨우 웃음을 참고, "넘 이뻐!" 그러곤 볼을 꼬집어주었다. 지가 세상에서 젤 이쁘다고 생각하는 공주, 나의 왕팬인 가영이는 왜소증을 가진 여덟 살배기 여자애다.

진영이가 나비처럼 날아온다. 무슨 할 말이 있나 보다. 진영이는 12살 말라깽이 소녀다. 첨 만났을 때, 아이는 건드리면 터지는 지뢰 같았다. 조금이라도 거슬리면 상소리와 발작적으로 폭력을 행사하던 아이. 수업 시작한 지 10분도 안 되어 녹초가 되게 하던 진영이에게 어제 난생처음 친구가 자기 집에 놀러 왔단다. 게다가 이제는 말쑥하니 차려입을 줄도 알고, 머리도 꾸미고 제법 소녀티가 나는 예쁜 숙녀로 크고 있다. 유아기 때부터 정신분열 아버지에게 상습적으로 폭행을 당했고, 그저 때리면 맞고, 상소리와 때리는 것이 의사소통 전부였던 아이. 모두에게 거부당하던 아이. 자신의 분노를 어쩌지 못해 몸부림치던 아이가 이제는 또박또박 자신의 말을 할 줄도 알고, 기다릴 줄도 알고, 자신을 가꿀 줄도 아는, 또래들이 같이 놀아주는 아이로 자랐다.

서새니임~~~~~~~~~ 진아가 생글거리며 뛰어오는 모습은 마치 햇살이 쏟아지는 것 같다. 동그란 안경 너머로 눈을 동그랗게 뜨고 환하게 웃을 땐 정말이지 깨물어 주고 싶다. 오늘은 너무 기특하게 잘해서, "진아야! 너 엄청나게 잘 했어(난 이 말의 의미를 잘 모를 줄 알았다)." 그랬더니 새초롬히 쳐다보며 "아니, 무요(아니 뭐 그 정도에 놀라시긴요)?"라는 게 아닌가? 너무 우스워서 깔깔거리니까 잠시 어리둥절 해하던 진아도 배시시 웃는다. 마치 말을 배우는 아이가 언젠가 들었던 말을 해 봤는데 그 말이 그때 꼭 맞는 말이어서 '아~ 하!'라며 깨치는 순간이다. 진아는 이렇게 또 한마디를 스스로 깨우쳤다. 이제 석 달째 만나고 있는 진아는 멀리 강원도에서 이사 온 일곱 살배기 여자아이다. 첫날부터 뽀얀 얼굴로 어찌나 생글거리던지 눈을 뗄 수가 없었다. 그리고 봇물이 터진 듯, 듣고 있는 내가 숨이 찰 정도로, 말이 많았는데, 가만 들어보면 쓸 말은 별로 없는 데다 또래들보다 조금 늦되는 아이들에게서 흔히 나타나는 부정확한 조음습관을 가지고 있어서 의사소통이 잘 안 된다. 처음 상담할 때 내가 맞장구를 치며 열심히 들어주자 진아는 신이 나서 말을 하고, 그러니 더 알아들을 수가 없고… 옆에서 걱정하며 듣고 있던 엄마가 결국 웃음이 터졌다. "선생님이 저보다 더 잘 알아들으시네요?"라며. 진아는 조금 늦되는, 그래서, 부모나 교사를 조바심 나게 하는 아이다. 조금만 하면 될 것 같은데, 그게 그렇게 어려운, 경도지적장애를 가진 아이다. 호기심이 많아 "이게 머애요?, 어더해 하는어예요?"라며 묻는 아이에게 "글쎄 이게 뭘까?, 진아가 생각해 봐!" 그리고, "아침에 일어나서 맨 먼저 뭐 했어? 그다음은? 점심때 반찬은 뭐?"라며 생각하게 하고, "이제 알았지, 이렇게 하면 되는 거야. 이제 혼자 해야 해! 안 도와줄 거야."라며 혼자 하게 했다. 처음엔 도움을 기다리고 있더니 이제는 "안 도아 주에요? 나 호자 해어요?"라며 스스로 해낸다. 어느 날은 진아가 색칠할 그림을 그리고 있는데, "우와! 우리 서새니, 정말 자 그린다."라는 통에 얼마나 웃었는지. 그리고 며칠 전엔 그림을 그려주면서 "이게 뭘까?" 했더니 "그러니까 생각을 하서야지요. 서새니, 생각을 해보서요." 이러는 게 아닌가? 진아는 항상 통통거리며 힘이 넘치고, 누구에게나 생글거리며 다가가서 아무 스스럼없이 말을 붙이는 살갑고, 사랑스러운 아이다.

모순을 산다 223

서진이부터 민우, 진아까지, 그리고 그 이후 만난 아이들은 나를 살게 했다. 우리 가족이나 친구들 누구도 내가 직장을 다니며 돈을 벌리라고 기대하지 않았다. 대학 졸업을 앞둔 어느 날 큰오빠와 엄마가 나누는 이야기를 듣고는 독립해야 한다는 생각을 하였다. 아픈 동생 자신이 돌볼 테니 걱정하지 말라는 엄마와 오빠 이야기를 듣고는 한편으로 고맙기도 하면서 '내가 형제에게 얹혀서 식충이로 살아야 하나?'라는 생각에 아득해졌다. 그래서 경제적으로 독립하려고 직장을 찾았고 다행히 어린 시절부터 꿈이었던 보육원 보육교사로 첫 직장을 얻어 사회생활을 서울에서 하게 되었다. 첫 월급을 받은 날이 내 생애 두 번째로 행복한 날이었다. 첫 월급 명세서는 아직도 간직하고 있다. 얼마 되지 않는 돈이지만 돈을 벌었다는 기쁨으로 세상 부러운 것이 없었다.

짧은 보육교사 시절에 장애 진단 유예 아동을 잘 보살피면서 아이가 조금씩 좋아지는 모습이 신기하기도 하고 잘 할 수 있는 일이라는 것을 알았다. 그렇게 인연이 되어 만난 장애인 선교단체를 통하여 장학금을 받으며 대구대학교 재활학과에 학사 편입을 하여 다시 대학을 다니게 되었다. 두 번째 대학을 졸업하고는 장애 아이들에게 언어치료와 인지 및 행동치료로 돈을 벌어가며 석·박사 과정을 마쳤다. 탄력성 연구로 박사학위를 받고는 상담도 하고 학습 장애나 경계선급 지적 장애를 가진 아이들을 가르치며 그 가족 상담도 하며 나의 삶을 살아가고 있어 그저 감사하고 행복하다. 바라기는 햇살이 가득한 아뜰리에를 꾸며서 마음이 상하거나 적응하는 데 어려움을 겪는 이들에게 자유로운 공간을 주고 싶다. 거기서 나는 앞치마를 두르고 숟가락을 들고 다니는 '호호 할머니'처럼 "니 맘대로 놀아라!" 간섭하며 살고 싶다.

 엄마 손

　한 달여 만에 딸네 집을 찾은 엄마는 현관을 들어서기 바쁘게 옷도 갈아입지 않으시고 걸레를 들고 방이며 거실, 주방을 구석구석 훔치시고야 한숨 돌리시며 옷을 갈아입으신다. 딸이 차린 밥상을 고맙다며 맛있게 드시고는 설거지까지 하시려는 엄마와 늘 실랑이다. 이제 좀 딸이 해 주는 밥상도 받고, 심부름도 시키라고 하지만 도무지 딸을 써먹질 않으신다. "니가 얼마나 귀한 딸인데 쳐다만 봐도 아까운데 어떻게 일을 시키니?"

　초등시절 처음으로 문예반 선생님에게 뽑힌 동시가 '엄마 손'이다. 이후 내가 쓴 시는 늘 선생님에게 뽑혀 아이들 앞에서 읽히곤 했다.

　밥하랴
　빨래하랴
　쉴 새 없이 바쁜 손
　열 개가 있어도 모자라겠네.

　열 개가 있어도 모자란 우리 엄마 손은 병든 자식 건사하느라 구순을 바라보는 지금도 쉬질 않으신다. 투병이란 험산 준령을 같이 넘어온 동지 우리 엄마. 우리 엄마 손은 언제나 나를 향하고 있다. 대학을 졸업하던 그해 직장을 핑계 삼아 서울로 올라오며 독립을 했다. 그렇게 시작된 독립생활은 어쩌다 10년을 주기로 집으로 갔다 다시 떠나기를 반복하며 지금 용인에서 산 지도 꼬박 10년 째다.

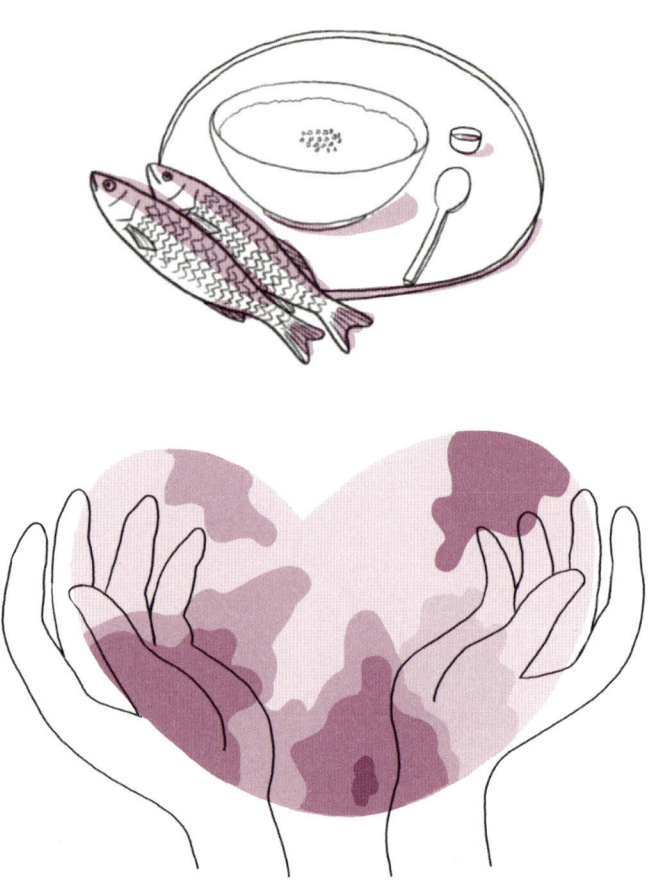

차 한잔 마시며 한참을 수다를 떨다 엄마가 "어서 샤워해라. 엄마가 드레싱 해주고 자야지." 그냥 주무시라고 해봐야 소용이 없다. 내심 상처가 어떤지 확인해 보고 싶으신 것이다. 어쩌다 사람들과 스치기라도 하면 상처가 생기곤 하는 딸, 곁에 두고 같이 있어도 상처로부터 지켜주지 못하는 딸을 독립시키는 마음은 어떠셨을까? 제일 안
쓰러운 것이 상처 드레싱을 내가 혼자 해야 하는 것이었을 게다. 엄마를 안심시키려 거울 두 개와 핀셋만 있으면 어떤 상처든 혼자 할 수 있으니 괜찮다고 해도 그 말이 더 안타까우셨을 것이다.

그렇게 실랑이를 하다 상처 드레싱을 도와주시고야 잠자리에 드셨다. 예전엔 엄마가 누워 있으면 커다란 언덕 같았다. 어쩌다 낮잠이라도 주무시면 나는 엄마에게 기대어 책을 보거나 뜨개질을 하며 따뜻한 온기에 잠이 들곤 했다.

죽을 만큼 아플 때면 어렸을 적 엄마가 끓여주시던 '조기 죽'이 생각난다. 아프면 물도 잘 마시질 못하고, 아무것도 먹질 못한다. 좀 나아질 무렵이 되어야 겨우 몇 숟갈 뜨곤 했다. 그럴 때면 엄마는 새벽 장에서 조기를 사다가 불린 쌀과 조기를 넣어 푹 끓여서 뼈를 모두 발라내고, 쪽파를 송송 썰어 넣고 간을 맞추어 먹여주셨다. 두어 끼를 그 죽을 먹고 나면 기운이 나서 일어날 수 있었다. 그렇게 겨우 기운을 차리면 토마토를 강판에 갈아놓고, 쇠고기 죽에다, 생선구이, 미역국 끓여 한 상 가득 차려 주신다. 밥 먹고 식혜까지 마시고 나면 기운이 난다. 여름이면 이빨 부실하고 시어서 잘 못 먹는 딸을 위해 포도는 즙으로, 복숭아는 설탕 졸임을 하면 시원한 국물과 함께 복숭아가 말캉해서 씹을 필요가 없었다. 언제라도 식혜가 먹고 싶다고만 하면 한 솥을 만들어 놓으셔서 나는 들며 나며 먹기만 하면 되었다.

여름이면 부지런히 옷마다 풀 먹이고, 다림질해서 옷장에 잘 걸어놓으셨다. 좀 낡은 모시 블라우스엔 치자를 우려 곱게 물들여 놓으신다. 그 옷을 나는 한 벌씩 꺼내입으면 된다. 나처럼 입성이나 먹는 것, 이부자리까지 이렇게 호사를 누리는 사람이 흔치는 않을게다. 초등시절부터 교복을 입었는데, 내 별명이 '옷깃과 운동화가 하얀 아이'였다. 손끝이 야무지신 울 엄니 덕에 우리 남매는 한 번도 흐트러진 차림으로 다닌 적이 없다. 그래서 다들 아주 부잣집 아들딸인 줄 알았다.

항상 상처에서 흐르는 진물과 피고름으로 얼룩진 이부자리를 깨끗이 삶아, 햇볕에 널어 바짝 마르기 전 걷어서, 풀 먹여 다림질해 깔아주시면 까실까실하니 매끄러워서 절로 잠이 들었다. 잘 다려진 옷을 입고 나가면 "네 엄마는 어찌 그리 손이 야무지냐"며 다들 한마디씩 했다. 이 호사를 얼마나 더 누릴 수 있을까?

언제라도 기댈 수 있었던 엄마 등이 공처럼 작아져서 가슴이 아프다. 살짝 치매가 와서 날짜도 헷갈리고, 눈앞에 찾는 물건을 두고도 찾아 헤매시기도 하지만 눈은 밝으셔서 늘 성경을 읽으시며 자식을 위해 기도하신다. 아들 둘을 낳고 얻은 첫딸, 눈에 넣어도 안 아플 딸을 아프게 낳아줘서 미안하다는 울 엄마.

엄마! 덕분에 제가 살았어요. 어느 자식이 부럽지 않은 호사를 누렸어요. 엄마! 힘들고 아픈 기억만 잊어버리시고 맑은 정신으로 조금만 더 곁에 계셔주세요.

모순을 산다

장맛비를 머금은 밤공기가 서늘하다. 아껴먹는 예가체프 커피콩을 꺼내 핸드밀로 갈았다. 온 방 가득한 커피 향을 잠시 즐기다 커피를 내렸다. 동글동글한 신맛이 상큼하다. 싱그러운 꽃향기의 여운이 꽤 길게 이어진다. 오늘 하루는 상담하고, 논문 자료를 찾아 정리했다. 하루를 마무리하며 커피를 즐길 수 있고, 세상살이에 다치고 살아가는데 버거운 이들이 나를 찾고, 그들과 함께 하는 시간을 통해 자라가는 모습을 보는 것이 너무 행복하다. 지금 이 평강이 가끔 꿈 같아서 볼을 꼬집어 보고는 혼자 배시시 웃곤 한다.

다음 주면 주말마다 배우러 다니던 브런치 요리 과정을 마친다. 주말 반이라 아침부터 늦은 오후까지 너 댓가지 요리를 하느라 힘들기도 했지만 무더운 여름 두 달을 시원하게 보냈다. 선선해지면 미뤄뒀던 그림을 다시 시작할까? 이렇게 취미 생활도 할 수 있는 체력이 생겨서 감사하고 감사하다. 언제나 치료 일정이 우선이었고, 그 일정에 맞추다 보면 여유가 생기질 않았고 무엇보다 더 조심하고 치료를 위해 체력을 유지해야 하기에 여력이 없었다. 이제 드레싱을 해야 하는 상처가 열 손가락으로 남을 만큼 아물고 힘이 생겼다. 그래서 이렇게 저렇게 놀아볼 궁리도 한다.

며칠 전엔 도시락 싸 들고 동생네랑 공원에서 오후 한나절을 놀다 왔다. 조카들이 뛰고, 구르다 물 한 모금 마시고, 도시락 한 입 먹고는 어울려 논다. 온통 땀 범벅이 되도록 자전거를 타고, 술래잡기하다 넘어지고 엎어져도 멀쩡하다. 이렇게 맘껏, 온몸으로 뒹굴며 노는 아이들이 세상에서 가장 부럽다.

예닐곱 어린 시절에 살던 동네에서는 겨울이면 꽁꽁 언 개천에서 동네 아이들은 해가 질 때까지 썰매를 타고 팽이를 돌리며 놀았다. 맨날 구경만 하던 나는 며칠 동안 작은 오빠를 졸라 썰매를 한 번 탔다. 오빠가 겨우 두어 걸음을 끄는 사이 썰매에서 떨어져서는 얼굴과 손바닥, 종아리를 엉망으로 다쳐 그해 겨울이 끝나고 봄이 한창일 때까지 제대로 걸을 수가 없어 누워 있었다. 애먼 작은 오빠는 엄마에게 혼이 나고, 그날 이후 나는 아이들이 노는 개천 근처에도 가질 않았다.

"엄마, 우리 반 여자애들이 나 피하는 놀이를 하는데 웃겨요." 자신과 부딪히지 않으려 대놓고 피해 다니는 걸 웃긴다고 말하는 아홉 살배기 아들 이야기를 듣는 그 엄마의 마음을 어떡하나? 그 아이의 마음은 어찌하나? 엄마는 아들이 억울하다며 화를 내거나 서러워했으면 견디기가 좀 수월했을까?

이 모든 것은 유전자 하나 차이 때문이다. 나는 평생을 조심하고, 조심하고, 또 조심하고, 애를 쓸수록 멀어지는 꿈은 미루어 놓거나 참았고 포기했다. 내 나이 마흔이 넘도록 먹는 것, 입는 것, 앉고 서는 것도, 눕고 일어나는 것을 마음 놓고 해본 적이 없다. 외할아버지는 늘 엄마 등에 업혀 있는 손녀를 "지 에미 등에서 큰다"며 애를 태우곤 하셨단다. 그 갓난쟁이가 어느새 중년을 지나 예순을 바라보는 나이가 되었다. 그 기~인 세월, 모든 물리적·심리적 자극이 내 몸을 위협하는 세월을 살아왔다.

수포성 표피 박리증이란 물리적으로나 심리적으로 자극을 받으면 그것이 상처가 되어 자신의 몸을, 자신의 생명까지 위협한다. 그래서 자극을 받으면 안 된다. '물리적으로나 심리적으로 자극을 받지 않는 것은 시체가 아닌가? 그렇다면 나는 이 병에서 벗어나려면 죽어야 하나 보다!' 진단을 받고 처음 든 생각이다. 숨을 쉬고 살아가는 순간순간이 물리적으로든 심리적으로든 자극을 받는데 그 모든 자극이 나의 몸을 위협하는 모순을 살아온 것이다.

그래서 마흔이 넘어 시작한 한의학 치료를 통하여 몸이 나으면서 피부 밑으로 흐르는 핏줄이 선명하게 보이는 것도, 어쩌다 세게 부딪히고도 잠깐 아프거나 발갛게 부풀어도 수포가 되지 않고, 피부가 까지지 않는 것이 너무나 신기하고, 맨들맨들한 손끝과 발바닥에 지문이 드러나서 미끄러지지 않고, 얇은 종이도 쉽게 넘길 수 있고 바늘을 손으로 집을 수 있어 놀랍기만 하다. 이제 입고 싶은 옷으로 골라 입을 수 있고, 맨발로 슬리퍼 끌고 나갈 수도 있고, 친구가 갑자기 찾아와도 괜찮고, 이부자리에서 바로 일어나 하루를 시작할 수도 있다.

자가면역질환의 치료는 부작용과 싸움이다. 2004년부터 시작한 약물치료와 침 치료는 하루하루 한두 걸음 나아가다 훌쩍 뛰어넘기도 하여 '내가 멀쩡해지는 것 아냐?' 꿈을 꾸기도 하고, 그러다 또 서너 걸음

되돌아가 주저앉기도 한다. 그러나 나는 분명히 앞으로 앞으로 나아가고 있다. 넘어지면 쉬기도 하고, 숨 고르고 신발 끈 다시 묶으며 주치의 선생님과 함께 걸어왔다. 아무도 관심 보이지 않는 난치병에 오랜 세월 한결같은 마음으로 난공불락 같은 병을 끈질기게 붙들고 치료를 시도하는 주치의 선생님 덕분이다.

늘 상처와 씨름하느라 빼빼 마른 말라깽이는 제법 살이 붙었고, 이마에 흐르는 땀을 손수건으로 닦아보고 싶은 소원은 어느 사이 등줄기를 타고 흐르는 땀으로 옷을 갈아입을 정도이다. 아침이면 세수를 하고 옷을 갈아입기 위해 드레싱을 하느라 두어 시간이 걸리고, 양말에 진물이 새어 나와 길을 가다가도 양말을 갈아 신어야 하던 발은 맨발에 샌들을 신고도 돌아다닐 수 있다. 언제라도 수포를 처치하고 드레싱을 하기 위하여 바늘과 거즈, 연고, 반창고를 넣고 다니던 파우치에 이제 거울과 립스틱이 들어있다.

평생을 죽어야 병 없이 건강하게 사는 모순을 살아왔다. 어쩌면 앞으로도 이런 모순을 껴안고 살아야 할지도 모르겠다. 26살에서야 진단을 통해 내가 아픈 이유와 병명을 알았고, 30대엔 절망하고, 40대엔 치료를 하면서 희망을 보았다. 이제 내 나이 오십을 한참 지났다. 오늘도 나는 몸에 상처가 하나도 없는 날을 기대하며 치료를 계속하면서 한편으론 내가 불치병, 아니 난치병 환자라는 걸 제대로 실감하고 있다.

아직 아홉 살배기 꼬마에게, 스무 살 청춘을 지나는 환우들에게 "아줌마가 이렇게 하니 나았어!"라고 할 말이 없어 가슴이 아프다. 오십 년 세월을 보내고서야 스스로 난치병 환자라는 것을 받아들였다. 나이가 들수록 회복은 더뎌질 것이고 내 나이 일흔이 넘어서도 상처 드레싱을 해야 할지도 모를 일이니 아프더라도 드레싱은 스스로 할 수 있기를 바라는 현실적인 두려움도 있다. 그러나 나는 한 걸음 한 걸음 걸어갈 것이다. 완치는 아닐지라도 분명 조금씩 나으면서 내 삶의 질이 달라지기 때문이다.

넘어지고 엎어지더라도 '너희가 그것을 알지 못하겠느냐? 반드시 내가 광야에 길을 사막에 강을 내리니…(이사야 43:19)', '내가 너의 상처로부터 새 살이 돋아나게 하여 너를 고쳐주리라(렘30:17)' 하신 말씀을 이루실 내 하나님 아버지와 한 걸음 한 걸음 걸을 것이다.

수국을 그리다(포크아트, 크랙기법) 2009년 6월
트레이를 만들었다. 지문이 드러나면서 송이송이 수국을 360도 회전하며 붓질 한 번으로 그릴 수 있어 행복했다.

산수유(수채화) 2011년 7월
온 마음이 환해지는 노랑을 그렸다. 이 무렵부터 나의 옷장이 환해졌다.